CHARLES DE MARTENS

CAUSES CÉLÈBRES
DU
DROIT DES GENS

TOME II

Elibron Classics
www.elibron.com

Elibron Classics series.

ISBN 0-543-97490-1 (paperback)
ISBN 0-543-97489-8 (hardcover)

This Elibron Classics Replica Edition is an unabridged facsimile of the edition published in 1827 by F. A. Brockhaus, Leipzig; Ponthieu & Co., Paris.

the orig al Am
symb or ide
these al damag
d on or mist

CAUSE SEPTIÈME.

CAUSE HUITIÈME.

CAUSE NEUVIÈME.

CAUSE DIXIÈME.

APPENDICE.

et par l'art. II du traité de Dresde du 25 Décembre 1745.

La guerre ayant éclaté en 1744, entre la Grande-Bretagne d'une part, et la France et l'Espagne de l'autre, le roi de Prusse pour assurer le commerce de ses sujets, ordonna au baron Andrié, son ministre à la cour de Londres, de s'informer auprès du ministère britannique

1) quels étaient les principes que le gouvernement anglais adopterait pendant la guerre, à l'égard des vaisseaux neutres, et notamment à l'égard de ceux appartenant aux sujets de S. M.

2) quels étaient les objets que le gouvernement anglais considérait comme de contrebande.

M. Andrié par le *post-scriptum* ci-après de sa dépêche du 18 Mai transmit à S. M., la déclaration verbale, que lord Carteret, secrétaire d'état pour les affaires étrangères de S. M. Britannique, lui avait faite à ce sujet.

No. I.

Post-scriptum *de la dépêche de M. Andrié, ministre de S. M. Prussienne à la cour de Londres, adressé au roi.*

P. S. Londres, le $\frac{18}{29}$ Mai 1744.

Conformément aux ordres de V. M. des 14 et 25 Avril dernier, concernant la liberté du pavillon de V. M. dans la guerre présente, entre l'Angleterre et la France, j'en ai parlé à diverses fois à lord Carteret, sur le pied que V. M. me l'avait ordonné, pour obtenir un ordre spécial et général de l'amirauté là-dessus:

chandises, qui pourraient être considérées comme de contrebande, pendant la guerre présente.

Outre ce que j'eus l'honneur de mander à V. M. par mon *post-scriptum* du 29 du mois dernier sur cette matière, j'en ai encore parlé ce matin à lord Carteret, conformément aux ordres ci-dessus de V. M., qui m'a déclaré que les *bois* et autres matériaux qui servent à la construction des vaisseaux, *cordages*, *voiles*, *chanvres*, *lin*, *goudron*, n'étaient nullement réputés comme articles de contrebande, *que les vaisseaux des sujets de V. M. et son pavillon, seraient exactement respectés de la part de l'Angleterre*, et que l'on n'entendait point les troubler en quoi que ce soit dans leur commerce, *pourvû qu'ils ne fussent pas trouvés portant des munitions de guerre aux ennemis de l'Angleterre, spécificées dans tous les traités entre les puissances maritimes, ou des munitions de bouche dans une place qui pourrait être assiégée ou bloquée par les Anglais*; que d'ailleurs la liberté du commerce, pour les puissances neutres, était la même et sur le même pied qu'en temps de paix, que c'était de cette façon qu'il s'était expliqué avec les autres puissances neutres maritimes, comme la Suède et le Danemark, et qu'il me le réitérait encore aujourd'hui, en priant V. M. d'être bien persuadée, que l'intention de l'Angleterre ne serait jamais de troubler en quoi que ce fût le commerce des sujets de V. M.; qu'il espérait enfin, que comme il n'était pas d'usage en Angleterre de donner des déclarations par écrit dans des circonstances pareilles, à aucune puissance neutre, V. M. serait satisfaite de celle qu'il venait de me faire de bouche au nom du roi son maître.

Ut in humillima relatione

ANDRIÉ.

En conséquence de cette seconde déclaration transmise par M. Andrié à son gouvernement, le roi

No. III.

Lettre de lord Chesterfield, secrétaire d'état de S. M. Britannique pour les affaires étrangères, adressée à M. Michell, secrétaire d'ambassade de Prusse à la cour de Londres.

Whitehall, le 5 Janv. $174\frac{7}{8}$.

Monsieur, ayant eu l'honneur de recevoir les ordres du roi sur ce qui a formé le sujet du mémoire que vous m'avez remis du 8 de ce mois n. s., je n'ai pas voulu tarder à vous informer, que S. M. pour ne rien omettre par où elle peut témoigner ses attentions envers le roi votre maître, ne fait nulle difficulté de déclarer, qu'elle n'a jamais eu l'intention, ni ne l'aura jamais, de donner le moindre empêchement à la navigation des sujets prussiens, tant qu'ils auront soin d'exercer leur commerce d'une manière licite, et conformément à l'ancien usage établi et reconnu par les puissances neutres.

Que S. M. Prussienne ne peut pas ignorer, qu'il y a des traités de commerce qui subsistent actuellement entre la Grande-Bretagne et certains états neutres, et qu'au moyen des engagemens formellement contractés de part et d'autre par ces mêmes traités, tout ce qui regarde la manière d'exercer leur commerce réciproquement, a été finalement constaté et réglé.

Qu'en même temps il ne paraît point qu'aucun traité de cette nature existe à présent, ou a jamais existé entre S. M. et le roi de Prusse; mais que cela n'a jamais empêché, que les sujets prussiens n'ayent été favorisés par l'Angleterre par rapport à leur navigation, autant que les autres nations neutres; et cela étant, S. M. ne suppose pas, que l'idée du roi votre maître soit, d'exiger d'elle des distinctions, encore moins des préferences en faveur de ses sujets à cet égard.

frétés ou en entier ou en partie par des sujets prussiens.

Jusque là l'occasion avait manqué au roi de Prusse de venger ces injustices, dont il avait si souvent mais inutilement demandé et tenté la réparation à l'amiable; il s'en présenta une en 1751, par l'échéance du terme auquel devait être acquitté le reste des capitaux affectés sur la Silésie au profit des négocians anglais; et S. M. la saisit avec empressement, pour indemniser ses sujets des pertes et dommages qu'on leur avait fait essuyer.

Le roi, en conséquence de cette résolution, nomma en date du 7 Décembre 1751, une commission, sous la direction spéciale des quatre ministres MM. de Podewils, de Bismark, et de Finkenstein, présidée par le grand-chancelier du royaume, le baron de Cocceji, pour juger entre ses sujets lésés et les armateurs anglais.

No. IV.

Rescrit commissorial de S. M. Prussienne.

Nous Frédéric, par la grâce de Dieu, roi de Prusse etc. etc. etc. salut etc. Ayant résolu d'acquitter l'année prochaine le reste des capitaux que la nation anglaise avait avancés ci-devant sur l'hypothèqué, de la Silésie, Nous ne sommes pas sans espérance, de trouver, dans cette circonstance, l'occasion de procurer une juste indemnisation à nos sujets lésés injustement dans la dernière guerre par les déprédations de la marine anglaise.

Étant pour cet effet nécessaire avant toutes choses, que cette lésion et perte de nosdits sujets soient examinées

lument leur adjuger, qui ne puisse être justifié devant Dieu et devant toute la terre, afin que la nation britannique n'ait pas le moindre sujet de croire, que notre intention pût être, de gratifier en ceci nos sujets, audelà des bornes de la justice. Sur ce etc. Donné à Berlin, le 7 Décembre 1751.

FRÉDÉRIC.

Cocceji. Podewils.
Bismark. Finkenstein.

Dans la sentence que cette commission prononça le 17 Juillet 1752, en déléguant aux sujets prussiens, à titre de dédommagement, les créances anglaises, pour la sûreté desquelles les revenus de la Silésie avaient été hypothéqués, il était dit:

„Nous sommes d'avis, que comme selon le droit „des gens, et l'observance de mer, reçue et pra„tiquée de tout temps, en conformité des traités „maritimes entre les puissances souveraines,"

1) „Les armateurs anglais n'ont pas été en droit „de saisir et de détenir dans les ports britanniques „les vaisseaux prussiens, ou autres vaisseaux neu„tres en course, soit vers les ports ennemis, ou „à leur retour d'iceux : soit en général, soit en par„ticulier, sous le prétexte que la cargaison ou une „partie d'icelle aurait appartenu aux ennemis de la „Grande-Bretagne."

2) „Les traités de mer, et spécialement la dé„claration du ministère britannique, faite au mi„nistre prussien Andrié, déterminant avec exacti„tude la qualité de la contrebande pendant la guerre,

Pour faire connaître les raisons sur lesquelles le roi avait mesuré sa conduite, il fit rediger un écrit (*voyez le N°. V.*) qu'il fit remettre au ministère britannique et communiquer à ses ministres dans les cours étrangères.

Dans un mémoire que M. Michell fut encore chargé de remettre en cette occasion au duc de Newcastle, (du 23 Nov. 175) le roi de Prusse déclara, „qu'ayant inutilement et a différentes reprises demandé satisfaction au ministère britannique, des „injustices commises contre ses sujets, il s'était déterminé à retenir, par droit de représailles, le „payement de la dette hypothequée sur la Silésie au profit des négocians anglais, jusqu'à ce „que le gouvernement britannique eût indemnisé ces mêmes sujets des pertes et dommages que „leur avaient fait essuyer les armateurs anglais."

N°. V.

Exposition des motifs fondés sur le droit des gens, qui ont déterminé le roi de Prusse sur les instances réitérées de ses sujets, à mettre arrêt sur les capitaux que S. M. avait promis de rembourser aux sujets de la Grande-Bretagne en vertu des traités de paix de Breslau et de Dresde, et à procurer sur lesdits capitaux à ses sujets, le dédommagement des pertes que leur ont causées les déprédations et les violences des armateurs anglais exercées contre eux en pleine mer. Berlin 1752 (1).

§. 1. La guerre s'étant allumée en 1744 entre la nation anglaise d'une part, et les rois de France et

(1) Cet *exposé* était accompagné de deux tableaux dont l'un sous

son ministre avait présenté là-dessus, le susdit S. Andrié dans sa dépêche du $\frac{29 \text{ Mai}}{9 \text{ Juin}}$ manda:

que lord Carteret, secrétaire d'état, lui avait réitéré et assuré, au nom du roi de la Grande-Bretagne, QU'AUCUN DES OBJETS contenus dans l'ordre donné au susdit S. Andrié, comme les bois et autres matériaux de construction pour les vaisseaux, non plus que les cordages, les voiles, le chanvre, la graine de lin etc. n'étaient réputés contrebande; que la nation anglaise respecterait avec soin le pavillon et les sujets du roi, et qu'on ne troublerait en rien le commerce de ces derniers, *pourvû qu'ils s'abstinssent de ne porter aucune* MUNITION DE GUERRE *aux ennemis de la Grande-Bretagne (munitions spécifiées dans tous les traités de commerce entre les puissances maritimes) ni aucunes* MUNITIONS DE BOUCHE *aux places assiégées ou bloquées par ladite nation.*

Qu'au surplus le commerce démeurait libre aux puissances neutres, *sur le même pied qu'il l'était en temps de paix.*

§. 4. Il est à remarquer, que lorsque le S. Andrié exigea là-dessus une déclaration par écrit de lord Carteret, celui-ci lui répondit à deux reprises différentes, que ce n'était pas l'usage en Angleterre.

§. 5. Lord Carteret s'étant spécialement rapporté, quant à ce qui se nomme contrebande, aux traités conclus entre les puissances maritimes, le roi fit examiner les traités conclus en 1674, entre l'Angleterre et la Hollande, et l'on y trouva, que tous les objets que lord Carteret avait déclarés au S. Andrié être de contrebande ou marchandise libre, y étaient énoncés mot à mot; car dans l'art. III. du susdit traité on y nomme contrebande:

les armes, les bombes, et tout ce qui y appartient, la poudre, les armes à feu, les mortiers, les boulets,

si loin, que les armateurs, bien que les susdits vaisseaux ne fussent chargés que de marchandises incontestablement libres, et que leurs capitaines les en assurassent, par la production de leurs lettres de mer, connaissemens et certificats, non contens de les arrêter, leur enlevèrent tout ce qui se trouvait à leur convenance et les conduisirent avec violence à leurs ports.

Il arriva entre autres, qu'un armateur ayant pris un vaisseau d'Embden, chargé de sel, non content de lui enlever sa cargaison et les habits des gens de l'équipage, les maltraita encore indignement à coups de bâton.

§. 8. Le roi, sollicité par les plaintes réitérées de ses sujets, ayant fait faire à cette occasion itérativement des représentations, tant par le S. Andrié, que par le S. Michell, son secrétaire d'ambassade, lord Chesterfield, alors secrétaire d'état, répondit par écrit le $\frac{\text{6 Janvier 1747}}{\text{26 Décembre 1746}}$:

que le roi de la Grande-Bretagne, pour n'omettre aucune occasion de faire éclater toute l'attention qu'il avait pour le roi de Prusse, ne faisait aucune difficulté de déclarer qu'il ne porterait aucun empêchement à la navigation des sujets prussiens, aussi longtemps que ceux-ci excerceraient leur commerce d'une manière permise, *et se conformeraient aux anciens usages etablis et reçus entre puissances neutres.*

§. 9. Et lorsqu'à l'occasion de la prise d'un vaisseau hollandais, nommé *les trois soeurs*, le secrétaire Michell fit de nouvelles représentations, et en demanda satisfaction au lord Chesterfield, celui-ci lui déclara le $\frac{11}{22}$ Septembre 1747:

que l'intention de la Grande-Bretagne était, de s'en tenir à la déclaration du lord Carteret, faite au nom

S'ils ont été en droit de les conduire dans leurs ports et retarder par là le cours de leur navigation?

III. Si lesdits armateurs ont été en droit d'arrêter en pleine mer d'autres vaisseaux neutres, comme étaient ceux de Suède, de Hollande, de Danemark, de Hambourg etc. *fretés en tout ou en partie par des sujets prussiens,* de les conduire en Angleterre, de les y détenir des années entières, et de troubler de cette manière le commerce des sujets prussiens?

IV. Si les marchandises chargées, soit sur des vaisseaux prussiens soit sur des vaisseaux neutres, par les sujets du roi, et qui leur ont été confisquées en vertu des injustes sentences rendues par les tribunaux anglais, étaient effectivement de contrebande?

V. Si le ministère anglais a été en droit de renvoyer à un tribunal de marine établi en Angleterre, la décision des différends de la nature de ceux qu'on a examinés dans les questions précédentes et qui s'agitent entre deux puissances libres, et de vouloir obliger la puissance lésée qui demande satisfaction, à s'en tenir à ses décisions?

VI. Si, au contraire, le roi n'est pas pleinement fondé de déférer à l'arrêt que ses sujets l'ont supplié de mettre sur les capitaux anglais, stipulés par les paix de Breslau et de Dresde, qui se trouvent entre ses mains, pour procurer à ses sujets les dédommagemens et la réparation convenables des violences exercées contre eux par les armateurs anglais, contre le droit des gens, et malgré les déclarations formelles réitérées par le ministère anglais; et si le roi n'est pas en droit d'indemniser ses sujets sur ces capitaux, puisqu'on leur a si long-temps dénié toute la justice qu'ils étaient fondés de demander?

gens était parfaitement connu) soutenir cette thèse par une infinité d'autorités et d'exemples.

vid. *Grot. in tractatu de mari libero.*

Mais cela serait superflu, puisque la nation anglaise elle-même s'en est prévalue dans diverses circonstances. Lorsque l'envoyé d'Espagne, Mendoza se plaignit à la reine Élisabeth de ce que les vaisseaux anglais s'avisaient de naviguer sur la mer des Indes, la reine lui répondit:

Qu'elle ne voyait point de raison qui pût l'exclure, elle et d'autres nations, de la navigation aux Indes; puisqu'elle ne reconnaissait à l'Espagne aucune prérogative à cet égard, et bien moins encore le droit de prescrire des lois à ceux qui ne lui étaient tenus à aucune obéissance, ou de leur interdire le commerce; que les Anglais naviguaient sur l'océan dont l'usage, tout comme celui de l'air, était commun à tous les hommes, et qui par sa nature même ne pouvait tomber en la possession et sous la propriété de personne.

Cambd. in vita Elis. ad ann. 1580. *p. m.* 328. *seqq.*

§. **15.** En conséquence de ce principe, fondé dans le droit de la nature et des gens, la nation anglaise a protesté avec chaleur dans diverses conjonctures où on lui a arrêté, visité et pris des vaisseaux, et a taxé de pareils procédés de violation manifeste du droit des gens.

On ne doute pas que la nation anglaise ne se rappelle encore les grands mouvemens qu'elle se donna, quand le roi de Suède, dans la guerre contre la Russie fit arrêter tous les vaisseaux anglais qui étaient destinés pour les ports de Livonie, et porta par là un grand préjudice à leur commerce. Ils en appelaient alors hautement au droit des gens:

Selon lequel ils soutenaient, qu'il était permis aux sujets de l'Angleterre, de commercer avec tous les états qui à leur égard étaient neutres, bien qu'ils

que les vaisseaux anglais feraient de leurs lettres de mer et de leurs connaissemens; et c'est là dessus que roulent encore jusqu'à cette heure, les plaintes de la nation britannique contre les garde-côtes d'Espagne.

§. 17. Ces principes constatent évidemment le droit des sujets prussiens, et portent avec d'autant plus de force contre les armateurs anglais, que l'Angleterre avait les bras liés vis-à-vis de l'Espagne par divers traités de paix et de commerce avec cette couronne, au lieu, que n'y ayant aucun traité pareil entre la Prusse et l'Angleterre, cette affaire ne peut ni ne doit être discutée que selon le droit des gens.

§. 18. Tout ce qu'on pourrait accorder à la nation anglaise serait, *de permettre à ses armateurs de s'informer des vaisseaux neutres qu'ils rencontreraient en mer, et qui feraient voile pour l'Espagne ou la France, s'ils n'avaient point de contrebande etc.* Mais il n'était nullement besoin de visiter ces vaisseaux, encore moins, de les conduire de force dans les ports d'Angleterre et de les y détenir des années entières; les armateurs n'avaient d'autre droit que de se faire exhiber leurs lettres de mer, connaissemens, ou certificats, pour découvrir s'il s'y rencontrait de la contrebande.

On s'appuie ici, par rapport à cet usage, sur les principes que la Grande-Bretagne a établis elle même dans son différend avec l'Espagne et en conséquence desquels elle soutient, que l'Espagne aurait dû se contenter qu'on eût produit à ses armateurs les lettres de mer et les certificats. *Voyez* §. 16.

§. 19. Et comme le droit des gens se vérifie principalement par les exemples et les traités des puissances maritimes, on en appelle ici aux plus célèbres traités conclus entre lesdites puissances, et où l'on est convenu de part et d'autre d'en agir de cette façon. C'est ainsi

paix, à l'exception des munitions de guerre. En temps de paix on n'arrête point les vaisseaux dans leurs cours, loin de les trainer dans les ports d'Angleterre.

§. 22. Les conséquences naturelles, qu'on peut tirer de tout ce qui est dit ci-dessus, c'est qu'on n'a nullement laissé aux sujets prussiens le commerce libre *comme en temps de paix*, malgré les lois du droit naturel et l'assurance positive qu'en avait donnée le ministère anglais; mais qu'au contraire par là le commerce desdits sujets a été ruiné, et que par conséquent les armateurs anglais sont tenus à la réparation des dommages qu'ils ont causés aux sujets du roi.

§. 23. L'Angleterre ne saurait s'inscrire en faux contre cette conséquence, vû qu'elle a traité elle-même de violation du droit des gens, comme on l'a déjà remarqué ci-dessus, le procédé des Espagnols, quand ceux-ci, non contens de la production des lettres de mer et des certificats, se sont mis en devoir de visiter les vaisseaux mêmes. *Voyez* §. 16.

Deuxième question.

Si lesdits armateurs anglais ont été en droit d'arrêter en pleine mer des vaisseaux prussiens, sous le prétexte qu'il s'y trouvait des marchandises appartenant aux ennemis de la nation britannique? s'ils ont été en droit de les conduire dans leurs ports et retarder par là le cours de leur navigation?

§. 24. L'un des plus forts griefs des sujets prussiens consiste, en ce que leurs vaisseaux chargés en France, se sont vûs arrêtés en pleine mer, lorsqu'ils retournaient chez eux, et conduits par les armateurs anglais dans les ports d'Angleterre; qu'après y avoir été détenus pendant quelque temps, on les a relâchés à la vérité, mais qu'on en a confisqué les marchandises de France, ou qu'au

blie dans les traités entre l'Angleterre et la Hollande et entre l'Angleterre et la France, *que les vaisseaux libres rendent les marchandises libres.*

À quoi il faut ajouter 4) que selon la déclaration de lord Carteret, le commerce des sujets prussiens *devait être aussi libre qu'en temps de paix*; or personne ne doute qu'en temps de paix il ne soit permis à tout le monde de négocier par échange, par commision etc.

5) Tous les traités conclus entre les puissances maritimes, sont en ceci parfaitement d'accord avec le droit des gens. Cela se trouve clairement stipulé à l'art. 8, du traité de 1667 entre l'Angleterre et la Suède.

Du Mont, Corps diplom. T. VII p. 37.

et dans l'art. 8 du traité de 1674 cité ci-dessus il y est expressément décidé :

Que les effets de l'ennemi qui sont sur un vaisseau neutre ne doivent point être confisqués.

La même clause se trouve mot à mot répétée dans le traité de commerce de 1713 entre l'Angleterre et la Hollande et dans celui entre la Hollande et la France.

Du Mont, T. VIII p. 345 §. 17. *et p.* 377 §. 17.

et on en donne pour raison celle que l'on a déjà rapportée,

que les vaisseaux libres rendent les marchandises libres,

raison puisée dans le droit des gens.

§. 26. Le roi se trouve donc parfaitement fondé d'exiger une réparation convenable des dommages causés à ses sujets par l'injuste procédé et détention de leurs vaisseaux, sans qu'il soit tenu de s'inquiéter si les marchandises avaient été données en commission pour des lieux neutres par des négocians français, ou s'ils s'étaient chargés d'en courir les risques.

Comme en temps de paix les sujets prussiens chargeaient leurs marchandises sur d'autres vaisseaux neutres, sans avoir à craindre, pourvû qu'il ne s'y rencontrât point de contrebande, de les voir conduire dans des ports d'Angleterre, ils ont de bonne foi continué leur commerce sur ce pied là, se reposant sur la déclaration de l'Angleterre dont le roi les avait fait informer.

§. 29. Les sujets prussiens n'auraient jamais chargé leurs marchandises sur ces vaisseaux, s'ils avaient pu prévoir que, contre le droit des gens, les principes reconnus par les Anglais mêmes, et contre la déclaration expresse de leur ministère, ceux-ci arrêteraient tous les vaisseaux neutres, qu'il y eût de la contrebande ou non, qu'ils les détiendraient des années entières dans leurs ports de mer, et les relâcheraient à la fin sans aucun dédommagement, et en les condamnant même aux fraix de la capture.

§. 30. Il est certain que la nation anglaise ne pouvait trouver un meilleur moyen pour porter le dernier coup au commerce des sujets prussiens, que de procéder contre eux de la manière qu'elle l'a fait, d'où il s'ensuit, que ceux-ci sont fondés à prétendre une satisfaction proportionnée aux dommages et aux fraix que leur ont causés ces illégitimes détentions.

Quatrième question.

Si les marchandises chargées soit sur des vaisseaux prussiens, soit sur des vaisseaux neutres par les sujets du roi, et qui leur ont été confisquées en vertu des injustes sentences rendues par les tribunaux anglais, étaient effectivement de contrebande?

§. 31. Les armateurs anglais ayant confisqué sur trois vaisseaux prussiens ou neutres, le seigle et les bois qui y étaient chargés (voyez §. 38), ce fait donne lieu aux deux questions suivantes:

marchandises il serait permis d'envoyer en Espagne? la reine lui fit répondre:

„qu'en s'abstenant d'envoyer des armes et d'autres „attirails de guerre, il lui était libre d'y com-„mercer avec toute sorte de marchandises.“

Seld. mar. claus. L. 2. *cap.* 30. *p.* 423.

Le Sr. Bonel, commissaire suédois, reçut en 1653 à une demande pareille une semblable réponse, et le parlement d'Angleterre lui fit dire:

„que hors les munitions de guerre, il permettait „aux Suèdois de commercer par tout où bon leur „semblerait.“

Puff. rer. Suec. L. 25. §. 46.

§. 35. Le ministère anglais dans sa déclaration au ministre de Prusse, se servit des propres termes de *Grotius* et déclara du premier abord, que les *munitions de guerre* seules seraient réputées contrebande. (Voyez §. 2.)

Déclaration, qui fut ensuite réitérée plus en détail et dans les termes suivans:

„qu'on n'entendait aucunement porter obstacle au com-„merce des sujets prussiens, pourvu qu'ils s'abs-„tinssent de porter aux ennemis de la nation bri-„tannique des munitions de guerre (dont les noms „détaillés se trouvaient dans tous les traités de com-„merce des puissances maritimes) et des munitions de „bouche aux places assiégées ou bloquées etc. et qu'au „surplus la liberté de commerce subsistait à l'égard „des puissances neutres sur le même pied qu'en temps „de paix,“ voyez §. 3.

Le ministère anglais ne s'est pas borné là, il a spécifié en détail tout ce qui n'était pas contrebande comme les *grains, les bois et tous les autres matériaux qu'on*

Car on confisqua du vaisseau prussien, *les Jumeaux*, *une charge de bois*, du vaisseau hollandais *les Trois soeurs*, *une pareille charge* de bois, et du vaisseau prussien, *le Soleil d'or*, *une cargaison de seigle*, toutes marchandises expressément exceptées de la contrebande dans la déclaration du ministère anglais.

§. 39. Si le ministère anglais avait déclaré dès le commencement, qu'il regardait ces marchandises comme de contrebande, le roi n'aurait pas manqué de faire avertir ses sujets de n'en point hasarder l'envoi, jusqu'à ce que l'on fût convenu là-dessus avec la cour d'Angleterre; mais le ministère anglais ayant positivement déclaré qu'il regardait les dites marchandises comme libres, et le roi ayant fait part de cette déclaration à ses sujets, le susdit ministère ne peut en aucune manière justifier le procédé de ses armateurs.

§. 40. Le ministère actuel de l'Angleterre cherche vainement à justifier le procédé des armateurs, par une raison qui choque également et le sens commun, et les usages reçus par tous les peuples policés.

On avance que le précédent ministère n'a pas été en droit de faire de son chef de semblables déclarations, et de déterminer contre la disposition des lois du pays, ce qui était contrebande ou ce qui était marchandise libre.

§. 41. On en appelle à tout l'univers, s'il est permis entre puissances, d'user de tels fauxfuyans.

On sait 1) qu'il est d'usage que les princes ne traitent avec les envoyés étrangers, que par l'entremise de leurs ministres; on est donc obligé d'ajouter foi à ce que ceux-ci déclarent au nom de leurs maîtres aux envoyés qui traitent avec eux; on y est forcé surtout lorsque les ministres refusent, comme en cette occasion, de s'expliquer par écrit.

§. 43. Il est donc démontré, qu'on a violé manifestement le droit des gens et contrevenu directement aux assurances données par le ministère anglais, lorsque l'on a arrêté des vaisseaux neutres qui ne portaient point de contrebande, et qu'on a par là causé un dommage très-considérable aux sujets prussiens.

Cinquième question.

Si le ministère anglais a été en droit de renvoyer à un tribunal de marine établi en Angleterre, la décision des différends, de la nature de ceux qu'on a examinés dans les questions précédentes, et qui s'agitent entre deux puissances libres, et de vouloir obliger la puissance lésée qui demande satisfaction, à s'en tenir à ses décisions?

§. 44. Le ministère anglais, dans presque tous les cas où les ministres de Prusse lui firent des représentations au sujet des déprédations et insolences commises en pleine mer contre des sujets prussiens, leur déclara:

que le roi d'Angleterre avait établi dans ses états des tribunaux exprès, pour examiner et décider, selon les loix d'Angleterre, toutes les prises sur lesquelles il y avait contestation, et pour administrer la justice à un chacun, lesquels ne manqueraient pas aussi de rendre justice aux sujets prussiens s'ils les trouvaient fondés dans leurs plaintes. Qu'au surplus, ni le roi de la Grande-Bretagne ni son ministère ne pouvaient, ni changer, ni se départir de cet usage ou constitution de l'état établi dans le pays.

§. 45. On ne saurait s'empêcher de demander ici, de quel droit le ministère anglais s'arroge celui d'entrer en connaissance de cause et d'exercer une sorte de jurisdiction sur un souverain neutre, sur ses sujets et ses vaisseaux arrêtés dans un lieu qui n'est point de

d'affaires à la décision de leurs tribunaux et de leurs loix, S. M. Prussienne, jouissant des mêmes droits et prérogatives que S. M. Britannique, s'est vue contrainte par là, de commettre dans ses états l'examen des griefs de ses sujets à ses propres tribunaux. Le roi à cet effet a établi une commission, composée de conseillers versés dans les affaires de justice aussi bien que dans celles de commerce, chargée, sous la direction de quatre de ses ministres, d'examiner les griefs de ses sujets, selon les loix du droit des gens universellement reçu, et de constituer en conscience et selon leur devoir un *quantum* précis et liquidé, de ce à quoi les dommages de ses sujets peuvent monter.

§. 50. C'est aussi ce, que la commission a effectivement exécuté; elle a exigé des preuves légales de chaque liquidation des dépens; elle a modéré d'une manière équitable les articles qui paraissaient surchargés; elle a débouté de leur prétension ceux des plaignans qui n'ont pas su les vérifier dans les formes, et par conséquent elle a agi en tout et rendu justice sans aucun égard à la personne et avec la plus grande impartialité.

Sixième question.

Et enfin si, au contraire, le roi n'est pas pleinement fondé de déférer à l'arrêt que ses sujets l'ont supplié de mettre sur les capitaux anglais, stipulés par la paix de Breslau et de Dresde, qui se trouvent entre ses mains, pour procurer à ses sujets les dédommagemens et la réparation convenables des violences exercées contre eux, par les armateurs anglais, en dépit du droit des gens et malgré les déclarations formelles et réitérées par le ministère anglais; et si le roi n'est pas en droit d'indemniser ses sujets sur ces capitaux, puisqu'on leur a si long-temps

des effets mobiliaires des sujets du souverain, qui refuse de rendre justice. Cela n'est pas à la vérité autorisé par le droit de nature, mais l'usage l'a établi presque par tout;

où il allègue plusieurs exemples de l'antiquité.

§. 53. Ce principe du droit des gens est fondé sur la raison naturelle, parceque les sujets sont censés approuver le fait de leur souverain et souscrire à son jugement, d'où il s'ensuit naturellement, qu'ils en répondent, et que quand tout autre moyen manque, c'est à leur propre bien qu'on doit s'en prendre.

§. 54. Or, puisque le roi se trouve avoir en main certains capitaux appartenans à des sujets anglais, et qui doivent leur être payés à la décharge de la Silésie, personne ne peut désapprouver, si usant du droit des gens, et sur les instances faites par ses sujets, S. M. arrête ces capitaux, et s'en sert pour les indemniser.

§. 55. Le ministère anglais a d'autant moins lieu de se récrier sur ce qu'on choisit un moyen si modéré, puisque lui-même dans un cas semblable et avant d'avoir déclaré la guerre à l'Espagne, l'a suivi pendant plusieurs années.

§. 56. C'est à regret que le roi se voit dans la nécessité d'en venir à cette extrémité, dont les suites retombent sur des individus appartenant à une nation pour laquelle S. M. a toujours eu une considération toute particulière, extrémité à laquelle il n'aurait jamais eu recours, s'il avait eu d'autres moyens de procurer satisfaction à ses sujets.

§. 57. Le roi, en agissant ainsi, ne fait que suivre les règles dictées par la plus exacte justice. Il ne peut, sans manquer à ses devoirs de souverain et à sa gloire, refuser de protéger ses sujets, qui n'ont commercé

tives du ministère de cette nation, à insulter tant les vaisseaux prussiens que les vaisseaux neutres, sur lesquels les Prussiens avaient chargé des marchandises permises, qu'ils pillèrent les uns et trainèrent les autres de force dans des ports d'Angleterre, d'où après les avoir détenus des années entières, ils les ont relâchés à la fin, sans leur donner aucune satisfaction des dommages et fraix que la détention leur avait causés, et en les condamnant même à ceux de capture.

§. 61. Il est donc question ici d'une *nouvelle* offense, qui ne tire point son origine de la précédente guerre, et qui n'a point de rapport avec elle, mais qui demande par elle-même une *nouvelle* réparation.

§. 62. Le roi, pour obtenir réparation de cette *nouvelle* offense, est fondé dans le droit des gens, de s'en prendre aux capitaux des sujets anglais, qu'il se trouve avoir en mains, aussi long-temps que ses sujets ne seront pas indemnisés. (Voyez ci-dessus §. 52. 53.)

§. 63. La paix précédente ne reçoit par là aucune atteinte, puisque, selon le droit des gens, la réparation d'une nouvelle offense peut être poursuivie (*salva pace*) *sans interrompre la paix.*

§. 64. L'illustre *Grotius* décide nettement la question par un principe fondé sur la raison naturelle:

> c'est une question (dit-il) qui se présente tous les jours, et qui est souvent débattue, quand c'est, que la paix peut être régardée comme rompue car autre chose est *fournir un nouveau sujet de guerre par une nouvelle offense, et autre chose est rompre la paix.*

Il y donne un exemple pareil au cas que l'on vient d'examiner ici:

> s'il arrive, qu'après la paix conclue, l'une des parties contractantes fait violence aux sujets de l'autre, et

moire de M. Michell, et tous les autres papiers relatifs à cette affaire, S. M. Britannique nomma une commission composée de quatre jurisconsultes, pour juger sur la nature et la régularité des procédures de la commission prussienne, ainsi que de prononcer sur le droit de represailles dont le roi de Prusse prétendait pouvoir se prévaloir envers les négocians anglais. Quand cet examen fut terminé, le duc de Newcastle eut ordre d'écrire la lettre ci-après à M. Michell, et de l'accompagner du *rapport* présenté à S. M. par la commission le 18 Janv. 1753.

N°. VI.

Lettre du duc de Newcastle, adressée par ordre de S. M. Britannique, à M. Michell, secrétaire d'ambassade de S. M. Prussienne.

Whitehall, le 8 Février 1753.

Monsieur,

Je n'ai pas tardé à mettre sous les yeux du roi, le mémoire que vous m'avez présenté le 23 Nov. dernier, avec les pièces dont il était accompagné.

S. M. en a trouvé le contenu si extraordinaire, qu'elle n'a pas voulu y faire réponse, ni prendre de résolution là-dessus, avant que d'avoir fait mûrement examiner le mémoire ainsi que *l'exposition des motifs* etc. que vous me remîtes peu de temps après, pour servir de justification de ce qui s'était passé à Berlin; et avant que d'être, par là, en état de mettre dans leur véritable jour, les procédures des cours d'amirauté d'ici, afin que S. M. Prussienne, et tout le monde, fût bien instruit de la régularité de leur conduite, dans laquelle elles paraissent avoir suivi la seule méthode qui ait jamais été pratiquée chez les nations, où des disputes

inférieures, que les cours d'appel, décident toujours uniquement selon le droit des gens universel; excepté dans les cas où il y a, entre les puissances intéressées des traités particuliers qui aient changé les dispositions du droit des gens, ou qui s'en écartent.

3) Que les décisions dans les cas dont on se plaint, paraissent, par le rapport ci-joint, avoir été formées uniquement sur la règle préscrite par le droit des gens; laquelle règle est clairement établie par l'usage constant des autres nations, et par l'autorité des plus grands hommes.

4) Que dans le cas présent, on ne peut pas seulement prétexter aucun traité qui ait changé cette règle, ou en vertu duquel les parties pourraient reclamer des libertés que le droit des gens ne leur donne point.

5) Que comme il n'y a dans le cas présent, ni juste grief, ni la moindre raison à alléguer pour pouvoir dire que la justice ait été déniée après qu'elle a été régulièrement demandée; et que dans la plupart des cas dont on se plaint, c'est les plaignans eux-mêmes qui ont négligé les mesures seules convenables pour se la procurer; il ne peut par conséquent y avoir aucune juste cause sur laquelle des represailles puissent se fonder.

6) Que, quand même les représailles pourraient se justifier par les règles connues et générales du droit des gens; il paraît, par le rapport, et même par des considérations qui doivent se présenter à tout le monde, que des capitaux dus aux sujets du roi par l'Impératrice-Reine, et assignés par elle sur la Silésie, du paiement desquels S. M. Prussienne s'est chargée, tant par le traité de Breslau, que par celui de Dresde, en considération de la cession de ce pays, et qui, en vertu de cette même cession, auraient dû être pleinement et

prévalus d'une guerre ouverte, pour saisir ou retenir les effets de l'ennemi, lorsqu'il a paru que ces effets avaient été pris injustement avant la guerre. Cette circonstance doit faire honneur à leurs procédures; et montrera en même temps, qu'il était aussi peu nécessaire, que peu convenable, d'avoir recours ailleurs à des procédures absolument inusitées.

Le roi est bien persuadé, que ce qui s'est passé à Berlin, n'a été occasionné que par les informations mal fondées qu'on a données de ces affaires à S. M. Prussienne; et ne doute nullement, que lorsqu'elle les aura envisagées dans leur véritable jour, sa disposition naturelle à la justice et à l'équité, ne la porte à redresser d'abord les démarches que ces mêmes informations ont occasionnées, et à achever le paiement du reste des dettes assignées sur la Silésie, conformément à ses engagemens à cet egard.

Je suis avec bien de la considération,

Monsieur,

Votre très-humble et très-obéissant serviteur
HOLLES NEWCASTLE.

No. VII.

Rapport fait à S. M. Britannique par la commission nommée pour répondre à l'exposition des motifs etc.

Au Roi.

Sire,

Conformément aux ordres qu'il a plu à V. M. de nous faire signifier par le duc de Newcastle, nous avons mûrement examiné le mémoire présenté à ce ministre le 22 Novembre dernier par M. Michell, secrétaire d'ambassade de Prusse, avec la sentence des commissaires prussiens et les tableaux côtés A et B. qui y étaient joints; aussi-

nemi est de bonne prise; mais ce qui appartient à un ami, ne peut pas l'être tant qu'il garde la neutralité.

Il est par conséquent statué par le droit des gens:

Que les effets d'un ennemi peuvent être saisis, quoiqu'à bord d'un vaisseau ami.

Que les effets d'un ami doivent être rendus, quoique trouvés à bord d'un vaisseau ennemi.

Que les marchandises de contrebande conduites à l'ennemi, quoiqu'appartenant à un ami, sont de bonne prise; attendu que fournir à l'ennemi de quoi poursuivre la guerre, c'est rompre la neutralité.

Par le droit des gens maritime reçu universellement et de temps immémorial, il y a une voie uniforme de justice établie, pour décider si une capture est de bonne prise ou non.

Et avant que celui qui fait une capture puisse se l'approprier, il faut qu'un examen juridique, où les deux parties puissent être entendues, ait précédé, et qu'elle soit déclarée être de bonne prise dans une cour d'amirauté, jugeant selon le droit des gens et les traités.

Le seul tribunal compétent pour ces condamnations, est le tribunal du souverain de celui qui a fait la capture.

Et les preuves, pour la décharger ou la condamner avec ou sans dépens et dommages, doivent, en première instance, venir toutes du vaisseau saisi, telles sont les lettres de mer qui s'y trouvent, et les dépositions sous serment du patron et des autres principaux officiers du navire. Pour quel effet il y a dans tous les ports considérables de toute puissance maritime qui est en guerre, des officiers de l'amirauté, pour examiner les capitaines et autres principaux officiers de tous les vaisseaux amenés comme bonne prise; et cela sur des interrogatoires généraux et impartiaux. Si d'après cela il n'y a pas lieu à condamner, soit comme effets

Souvent, quand ni les lettres de mer, ni les examens préparatoires, ne font connaître suffisamment que la propriété appartienne à un sujet neutre, temps est donné au demandeur pour suppléer à ce défaut, en envoyant les certificats qui manquent. Mais lorsqu'il ne peut pas prouver par des certificats suffisans, que la propriété appartienne à un ami, elle est présumée appartenir à un ennemi. Et s'il fournit des preuves subséquentes, mais qui n'aient pas été trouvées à bord du vaisseau saisi, le capitaine qui l'a amené, est exempt de blâme, et n'est point tenu de payer les dépens; ou il pourra même, selon les circonstances du cas, obtenir les siens fort justement.

Si la sentence d'une cour d'amirauté est tenue pour erronnée, il y a dans tout pays maritime un tribunal supérieur de révision, qui est composé des personnes les plus relevées de l'état, et auquel la partie qui se croit lésée peut en appeler. Et ce tribunal supérieur juge par les mêmes règles qui sont prescrites à la cour d'amirauté, savoir, selon le droit des gens et les traités subsistant avec la puissance neutre dont le plaignant est sujet.

Quand aucune des deux parties n'interjette appel, elles sont censées reconnaître elles-mêmes la justice de la sentence; ce qui termine le procès.

Cette même manière de juger et d'adjuger les captures, est indiquée, confirmée et autorisée par grand nombre de traités [1].

---

la France à St. Germain, 24 Févr. 1677, art. 10 et à Ryswick. Tr. de commerce, 20 Sept. 1697, entre la France et la Hollande, art. 30. Traité de commerce fait à Utrecht, entre la Grande-Bretagne et la France, 31 Mars 1713, art. 29.

(1) Comme on peut le voir par les traités suivans. Quant à ce que les cours d'amirauté doivent adjuger les prises faites par les vaisseaux de leur propre nation, et quant à l'examen des témoins dans ces cas. Tr. entre l'Angleterre et la Hollande, 17 Févr. 1668,

n'entre en rien, qu'en tant que les traités n'y dérogent point.

C'est ainsi que par le droit des gens, lorsque deux puissances sont en guerre, tout vaisseau est sujet à être arrêté et examiné, pour voir à qui il appartient, et s'il ne porte pas de la contrebande à l'ennemi; et que, par des traités particuliers, cette recherche a, jusqu'à un certain point, été mitigée, sur la foi et l'exhibition ou de passe-ports solemnels, ou d'autres preuves de propriété, attestées en bonne et due forme.

Il y a aussi des conventions particulières qui, tout au revers du droit des gens, déclarent de bonne prise les effets d'un ami qui se trouvent à bord d'un vaisseau ennemi, et rendent libres les effets d'un ennemi qui se trouvent à bord d'un vaisseau ami (1).

Il y en a même qui déclarent libres certains effets qui, par le droit des gens, sont réputés de contrebande.

S'il arrive qu'un sujet prussien ait une plainte ou une demande à former contre quelqu'un qui est domicilié ici, il doit s'adresser aux tribunaux de V. M., qui tous sont également ouverts aux étrangers comme aux nationaux; de même qu'un sujet de V. M., si tort lui est fait par quelqu'un qui ait son domicile dans les états prussiens, doit s'adresser aux tribunaux de S. M. Prussienne.

Si le grief regarde une capture faite sur mer en temps de guerre, ou que le différend soit relatif à une capture, il faut s'adresser aux tribunaux établis pour juger ces causes.

---

(1) Comme on peut le voir par les traités déjà cités, et plusieurs autres, particulièrement par celui du 1 Déc. 1674 et le traité d'Utrecht entre la Grande-Bretagne et la France.

8 transp.

4 furent restitués par sentence, mais leurs cargaisons, ou partie de leurs cargaisons, condamnées comme de bonne prise, ou comme contrebande : lesquelles aussi les tableaux A. et B. ne désignent point pour avoir appartenu à des sujets prussiens.

5 furent restitués leurs cargaisons, mais les demandeurs condamnés aux dépens, parce que sur les papiers des vaisseaux, et les examens préparatoires, il y avait lieu à condamnation, et que la restitution ne fut décrétée que sur la foi des certificats fournis et admis dans la suite.

1 vaisseau et sa cargaison furent rendus par sentence sur appel, mais avec compensation des dépens, vû les circonstances de la capture.

18

Ce tableau n'a pas besoin d'éclaircissement.

Il ne peut pas y avoir une ombre de plainte par rapport aux 8 premiers cas.

Quant aux 4 suivans, puisque dans les tableaux A. et B. il n'est pas seulement fait mention des effets condamnés, il faut qu'ils l'aient été bien justement, ou comme effets de l'ennemi, ou comme contrebande. Si c'était comme contrebande, les vaisseaux ne pouvaient prétendre ni fret ni dépens; et les sentences étaient même favorables, en restituant les navires sur la simple présomption, que les propriétaires des navires pouvaient n'avoir pas été instruits de la nature des cargaisons ou de leurs vrais propriétaires. Si c'était comme effets ennemis, les vaisseaux ne pouvaient point prétendre de fret, parce que les connaissemens étaient faux, en les donnant pour effets prussiens; ni ils ne pouvaient prétendre aux dépens, parcequ'ils avaient été amenés avec raison, les cargaisons, ou partie des cargaisons s'étant trouvées être de bonne prise.

sous la main de M. Michell fut produit dans une cause, explique cette façon spécieuse de mettre à l'abri les effets de l'ennemi :

Les sujets de V. M. ne doivent point, sur des vaisseaux neutres, charger de marchandises réellement appartenantes aux ennemis de l'Angleterre; mais ils doivent les charger pour leur propre compte; moyennant quoi ils pourront avec sûreté les envoyer en quel pays qu'ils trouveront à propos, sans courir aucun risque; car si alors des armateurs causent aucun dommage aux sujets de V. M.; elle peut être assurée, que pleine justice leur sera faite ici, comme on l'a faite jusques à présent dans tous les cas pareils (1).

Le tableau B. contient 33 cas, dont

2 n'ont jamais été portés devant aucune cour de justice en Angleterre, les vaisseaux supposés avoir été pris, ayant été relâchés par les armateurs mêmes, à l'entière satisfaction des propriétaires. Dans

16 cas, les effets reclamés par des sujets prussiens se trouvent avoir été restitués actuellement par sentence, aux patrons des navires sur lesquels ils étaient chargés. Or par les us et coutumes de mer le patron tient la place du chargeur d'effets, et lui en est responsable. Dans

14 cas la propriété prussienne n'a été vérifiée ni par les lettres de mer, ni par les examens préparatoires, ni par des certificats subséquens et assermentés des demandeurs, à qui temps en fut accordé. Et

1 cas, qui regarde une portion de cargaison, est encore pendant, parce qu'aucune des parties n'a,

33 jusques à présent, requis qu'il fût jugé (2).

---

(1) Cet extrait n'ayant pas été produit en français, mais en anglais, il a fallu le traduire, ce qu'on a fait littéralement.

(2) Le demandeur prussien ayant le 29 Janvier dernier exhibé

même, que par rapport aux dépens et dommages; et cela conformément au droit des gens, seule règle à suivre dans les décisions de cette nature.

Et dans tous les cas la cour d'amirauté a fait justice avec une impartialité si grande, que tous les vaisseaux mentionnés comme prussiens dans le tableau A. ont été restitués, et que toutes les cargaisons mentionnées dans les tableaux A et B. ont été rendues, à l'exception de 15 dont une est encore indécise.

Généralement même, dans les cas de l'un et de l'autre tableau, justice a été rendue aux sujets prussiens de manière à les bien convaincre dans leurs propres consciences, qu'ils ont acquiescé à toutes les sentences sans en appeler; un seul exemple excepté, où la partie de la sentence dont il y eut plainte, fut infirmée et reformée.

Or, quoique tout demandeur prussien ait dû savoir que le droit des gens lui interdisait le recours à son propre souverain, jusqu'à tant qu'une injustice manifestement avérée lui fût faite en dernier ressort, et qu'il n'y restât plus aucun remède ici; et quoiqu'aucun d'eux n'ait pu ignorer que ce principe du droit des gens devait être d'autant plus scrupuleusement observé par rapport aux prises de la dernière guerre, que, toute la propriété en étant donnée à ceux qui les faisaient, aucune partie n'en pouvait être repetée sur eux qu'en justice reglée: que néanmoins, des demandeurs prussiens qui, en n'appelant point, ont donné leur propre acquiescement à ce que les prises qui les intéressaient demeurassent adjugées à ceux qui les avaient faites, viennent après cela en former une demande sur tout le corps de l'état, c'est ce qu'ils ne peuvent jamais être fondés à faire. Si les sentences étaient même indubitablement injustes, c'est leur faute qu'elles n'aient pas été redressées.

Mais on n'a jamais tenté, et on ne tentera point à l'heure qu'il est, de faire voir par les preuves et les circonstances mises devant la cour d'amirauté, que ces

4. Quant aux questions, règles, allégations et raisonnemens contenus dans le mémoire de M. Michell, dans la sentence des commissaires prussiens et dans l'exposition des motifs :

Les propositions suivantes peuvent s'en tirer comme ayant quelque apparence d'objections contre ce que nous venons d'exposer à V. M.

Première proposition.

Que par le droit des gens les effets d'un ennemi ne peuvent pas être saisis à bord d'un vaisseau ami. Et c'est ce que les commissaires prussiens posent pour base de tout leur travail.

Réponse. Le contraire est trop notoirement reçu et reconnu partout, pour pouvoir être contesté : comme cela est prouvé par tous les auteurs qui ont écrit sur le droit des gens, dont nous citons quelques uns de différentes nations (1); et par l'usage constant, tant ancien que

(1) *Il Consolato del Mare* cap. 273 dit expressément, que les effets ennemis à bord d'un vaisseau ami doivent être confisqués; et c'est un livre de grande autorité. *Grotius de jure belli ac pacis* lib. 3. cap. 1. sect. 5. n. 4. dans les notes, où il cite ce passage du *consolato*; et dans ses notes lib. 3. cap. 6. sect. 6. *Loccenius de jure maritimo* lib. 2. cap. 4. sect. 12. *Voet de jure militari* cap. 5. n. 21. *Heineccius* auteur prussien ci-dessus cité, décide cette question clairement est possitivement dans son lire *de navibus ob vecturam vetitarum mercium commissis* cap. 1. sect. 14. et cap. 2. sect. 9. *Bynkersboek* quaestiones juris publici lib. 1. cap. 14. per totum. *Zouch, anglais,* dans son livre *de justicio inter gentes, pars* 2. sect. 8. n. 6. Traité entre la Grande-Bretagne et la Suède, 23 Octobre 1661, art. 12 et 13. Traité entre la Grande-Bretagne et le Danemark 29 Nov. 1669, art. 2. Et le règlement fait dans ce traité pour les passeports et les certificats, est essentiel sur cette matière.

cela, de stipulations nouvelles, si différentes de la loi générale, ils placent au contraire les Prussiens très expressément à l'égal des sujets de toutes les autres puissances alliées, ou neutres; et on ne pouvait entendre par là que celles avec qui, comme c'était le cas avec le roi de Prusse, on n'avait à cet égard point de traité particulier; puisque c'est là le sens reçu de cette formule générale qui se rapporte aux autres puissances, même dans les traités formels. Quelque usitée qu'elle soit, jamais on ne lui a fait signifier encore une admission aux termes d'aucun traité particulier qui demande nécessairement une explication spécifique, qu'on ne prétend même pas avoir été faite. Or comme les traités avec la Hollande, la Suède, la Russie, le Portugal, le Danemark, etc. diffèrent entre eux, qui est ce qui déterminerait, duquel on aurait communiqué le bénéfice? D'ailleurs dans ce cas il n'y aurait nulle réciprocité: le roi de Prusse ne s'étant lié, par son consentement exprès, à aucune des clauses stipulées entre les autres puissances par leurs traités respectifs. Par exemple, si les traités avec la Hollande avaient dû servir de règle entre la Grande-Bretagne et la Prusse, on aurait dû confisquer tous les effets prussiens trouvés a bord d'un vaisseau ennemi, au lieu qu'on n'a jamais prétendu ici en confisquer aucuns; et pareillement tout ce qui est prétendu aujourd'hui de la part de la Prusse, se trouverait formellement improuvé par les mêmes traités : selon lesquels il est expressément enjoint à tout sujet hollandais, de ne recourir en dernier ressort qu'à la cour d'appel de V. M.

Article II. du traité d'alliance entre la Grande-Bretagne et la Hollande, signé à Westminster, le 6 Févr. 171$\frac{5}{6}$.

Comme il s'est élevé des contestations touchant l'explication du 12ème *article du traité de marine de l'an* 1674, *afin de mettre fin à tout différend sur ce sujet,*

du 5 Janvier 1747; Nous croyons devoir l'insérer ici mot à mot. (*Voyez le N°. III, placé à la page* 6.)

Cette lettre s'explique assez d'elle même. Elle met la Prusse en termes bien exprès sur le même pied que d'autres puissances neutres avec lesquelles on n'avait point de traités, et indique tout aussi expressément la seule voie propre de demander réparation.

Il faut de même, que les deux déclarations faites par lord Carteret à M. Andrié en Mai 1744, et que l'on prétend avoir été confirmées par cette lettre de lord Chesterfield, n'aient en effet dit rien de plus. Dumoins est il clair, par l'extrait ci-dessus inséré de la lettre de M. Andrié à S. M. Prussienne, que le $\frac{29\ \text{Mai}}{9\ \text{Juin}}$ 1747 il n'entendait pas encore lui-même ces déclarations comme ayant promis, ou seulement fait espérer, aucune liberté ni sûreté pour les effets ennemis qui se trouveraient chargés sur des vaisseaux neutres.

Et il paraît évidemment par des pièces authentiques, que les sujets prussiens n'ont jamais cru, que sur ce point aucun droit nouveau et particulier leur eût été accordé en 1744.

Car nous ne trouvons point d'exemple qu'avant l'année 1746, ils se soient permis de couvrir aucuns effets ennemis.

Ce n'est pas aussi en vertu des déclarations verbales de lord Carteret, que les vaisseaux britanniques, armés en guerre, pouvaient s'abstenir de faire des captures depuis 1744 jusqu'en 1746; vu qu'ils n'en ont jamais eu ni pu avoir connaissance; et supposé que ce n'aient été que de simples assurances d'une justice impartiale, il était même fort inutile de les notifier aucune part: puisque sans cela, lesdits vaisseaux étaient indispensablement astreints à agir, et les cours d'amirauté à juger conformément au droit des gens et aux traités.

Jusques en 1746, les documens prussiens ont consisté dans un certificat de l'amirauté, que le vaisseau

qu'en Septembre 1747, M. Michell remit à lord Chesterfield des représentations touchant la cargaison du vaisseau hollandais nommé les *trois Soeurs*, à bord duquel elle fut saisie, et reclamée ensuite comme appartenante à un Prussien; et comme néanmoins nulle mention de cette cargaison n'est faite dans les tableaux A et B, nous avons fait mettre devant nous les procédures de cette cause, et y avons vu, qu'il fut prouvé de la manière du monde la plus claire et la plus convaincante, tant par les lettres de mer, que par les dépositions de vaisseau : que la cargaison était du bois de construction, chargé pour le compte et aux risques des Français à qui il devait être délivré au *port de l'Orient, en payant le fret selon la Charte-partie*; que le demandeur prussien n'était ni freteur, ni chargeur ni consignataire de la cargaison; et que toute la part qu'il y avait jamais eue, était d'y avoir prété son nom et sa conscience; car il avait fait serment que cette cargaison lui appartenait en propre, et qu'elle avait déjà été chargée le 6 Octobre 1746, ou même avant; et cependant le vaisseau avait alors encore été en lest, et aucune partie de toute cette cargaison ne fut chargée avant le mois de Mai 1747.

Nombre d'autres revendications prussiennes se trouvèrent également n'être que simulées, de sorte que M. Andrié, par sa lettre du 29 Mai / 9 Juin 1747, ci-dessus citée, semble en avoir eu honte.

Troisième proposition.

Que lord Carteret, dans les deux conversations susdites, a spécifié au nom de V. M., quels objets devaient être réputés de contrebande.

Réponse. Ce qui peut en être, n'est d'aucune conséquence par rapport aux cas mentionnés dans les tableaux A et B., attendu que de tous les effets condamnés ici comme

les faire relâcher arbitrairement à leur préjudice; il fallait nécessairement que toutes les captures fussent laissées à la décision des tribunaux établis pour les juger selon le droit des gens, et les traités, s'il en existait; et il n'a jamais été imaginé, que les loix qui sont particulières à ce royaume, pussent affecter la propriété d'un sujet étranger amenée ici comme prise faite en pleine mer.

Cinquième proposition.

Que V. M. ne pouvait pas avoir plus de droit que S. M. Prussienne, d'ériger des tribunaux pour juger ces causes.

Réponse. Il est hors de tout doute que chaque gouvernement a un droit égal d'ériger des cours d'amirauté, pour juger les prises faites en vertu de leurs commissions respectives. Mais il n'y a aucun gouvernement quelconque qui ait le droit de juger les prises faites par les sujets d'une autre nation, ni d'infirmer les sentences émanées du tribunal d'un gouvernement. La seule voie regulière d'en faire réctifier et réparer les erreurs, est par appel au tribunal supérieur du même souverain.

Telle est incontestablament la loi du droit des gens, et telle la manière d'après laquelle les prises ont constamment été décidées dans tous les pays de l'Europe, ainsi qu'en Angleterre.

Sixième proposition.

Que la mer est libre.

Réponse. Ceux même qui soutiennent cette proposition avec le plus de force, et lui donnent le plus d'étendue, conviennent (1) toutefois, que quand deux

---

(1) Comme on peut le voir dans les passages de *Grotius* cités ci-dessus, *lib.* 3. *cap.* 1. *sect.* 5. *n.* 4. dans ses notes. Et *lib.* 3. *cap.* 6. *sect.* 6. dans ses notes.

L'Angleterre, la France et l'Espagne ont gardé cette foi publique si religieusement, qu'elles n'ont pas souffert, même durant la guerre, qu'on s'enquît seulement de ce qui des dettes publiques pouvait être dû à l'ennemi; quoiqu'il fût certain, que beaucoup d'argent anglais était dans les fonds de France, et beaucoup d'argent français dans les fonds d'Angleterre.

Cet emprunt que feu l'empereur Charles VI fit en Janvier 1734-5, n'était point une transaction d'état à état, mais un *simple contract* fait avec des particuliers, qui prêtaient leur argent sur l'engagement que prenait l'empereur, pour lui, ses héritiers et descendans, de rembourser le capital avec l'intérêt, de la manière et dans les termes réglés par le contract : *sans délai, retardement, déduction, ni rabais quelconque* : promettant, au cas que les instrumens et les paroles dont on fit usage ne fussent pas jugés assez forts, d'assurer l'exécution de son contract, *dans et par tels autres actes, moyens, manières, formes et paroles, qui seraient les plus valides et les plus efficaces pour lier ledit empereur, ses successeurs et descendans, et que les prêteurs pourraient raisonnablement exiger.*

Il a hypothéqué ses revenus des duchés de la haute et basse Silésie, pour sûreté réelle et spécifique du paiement du capital et des intérêts. La dette entière, capital et intérêts, devait être acquittée dans le courant de l'an 1745.

S'il était même arrivé qu'elle n'eût pas pu être payée hors des revenus de la Silésie, l'empereur, ses héritiers et descendans en fussent toujours demeurés débiteurs, et obligés à la payer; car l'éviction ni la destruction de ce qui est hypothéqué, n'annullent la dette, ni n'en déchargent le débiteur. Pour cette raison l'impératrice reine, sans le concours des prêteurs, stipula comme la condition sous laquelle elle cédait les duchés de Silésie au roi de Prusse, que par rapport à cette

justice et selon le droit des gens, et qu'il fût pleinement en droit d'user de représailles contre la Grande-Bretagne en général : toujours ne pourrait-il pas saisir cette somme par représailles, sans enfreindre ses engagemens avec l'Impératrice-Reine.

D'ailleurs cette dette entière devait, selon le contract, avoir été acquittée dès 1745. On doit donc en justice et en équité, considérer le contract comme ayant été rempli dès-lors, en tant que cela peut intéresser la sûreté des créanciers; or, les plaintes prussiennes n'ont commencé qu'en 1746, quand toute la dette aurait déjà dû être payée en entier.

C'est sur ce principe de justice naturelle, que les vaisseaux et effets français qui avaient été saisis à tort durant la guerre avec l'Espagne, mais avant celle avec la France, ont, par les sentences des tribunaux de V. M., été restitués aux propriétaires français, même au plus fort de la guerre avec la France, et encore depuis; on n'a jamais prétendu confisquer ces vaisseaux ni ces effets, quoiqu'ils appartinssent à des sujets d'un ennemi actuel, et se trouvassent entre nos mains; parce qu'ils n'y eussent point été alors, sans le tort qui leur avait été fait avant : tout comme cet argent ne se trouverait point aujourd'hui entre les mains de S. M. Prussienne, si elle n'avait manqué au contract, en ne payant pas la somme entière en 1745.

La garantie de V. M. des susdits trois traités, ne peut que dépendre des mêmes conditions sous lesquelles la cession de l'Impératrice-Reine a été faite.

Mais c'est ce qui est superflu de remarquer; vu que le roi du Prusse convient lui-même que, de ne pas payer cette dette, serait de sa part une infraction desdits engagemens, et une renonciation auxdits traités, si, par le droit des gens, il n'était point autorisé a user de représailles contre les sujets de V. M.; et nous croyons

voir à bord des effets appartenans aux ennemis, et si l'on peut déclarer ces effets de bonne prise, à moins que le vaisseau ne fournisse des preuves, qu'ils appartiennent à des amis.

§. 7. Il faut avouer qu'en de pareils cas, des nations belligérantes se sont donné de grandes libertés, particulièrement vis-à-vis des vaisseaux appartenans à des états neutres, qui ne se trouvaient pas à même de ressentir l'injure. Mais cette pratique, tant qu'elle sera contraire au droit de nature et incompatible avec l'utilité et la convenance générale du genre humain, ne saurait jamais s'établir en principe de droit des gens.

§. 8. Or c'est évidemment blesser le droit de nature, que de saisir la propriété d'un homme qui est en paix avec moi, ou de l'en déposséder, quand ce ne serait que pour un moment : par conséquent, de saisir le vaisseau d'un tel homme en mer, est très-sûrement une infraction du susdit droit. Son vaisseau est sa propriété en quelque endroit qu'il se trouve, et je n'y puis entrer pour saisir les effets ennemis, qu'il pourrait avoir à bord, non plus que dans un port ou territoire neutre, pour m'emparer des navires, ou des effets d'un ennemi. Bien au contraire, ce droit de nature a été si fermement établi par les loix et les coutumes de toutes les nations, que quand je suis actuellement en poursuite d'un vaisseau ennemi, et que celui-ci s'échappe dans un port neutre, ce serait une infraction de la neutralité, si l'on me permettait d'entrer dans le port et de m'emparer du vaisseau. *Grotius* dit en termes exprès *Livre III. chap.* 6. *sect.* 26. *no.* 2. qu'une puissance neutre est en droit d'empêcher, qu'on ne saisisse les effets des ennemis sur son territoire.

§. 9. Quand on considère ensuite l'utilité et la convenance générale du genre humain, il est certain

entre quelques unes des puissances dont les états touchent à ces parages? Que deviendrait leur commerce en Espagne ou en Portugal, durant la guerre entre ces deux couronnes, ou celle de la France avec l'une ou avec l'autre. Bref, que deviendrait leur commerce aux Indes orientales et occidentales, et même en tout autre endroit du monde, en cas de guerre entre l'Espagne et la Hollande, si les deux parties belligérantes étaient autorisées à saisir et à arrêter les vaisseaux anglais, sous prétexte qu'ils portaient quelques effets appartenans aux ennemis de l'une ou de l'autre? Car il est aisé de trouver quelque fondement à de semblables soupçons, et souvent il n'est pas au pouvoir du capitaine ou du patron du vaisseau, de déclarer sous serment, à qui appartient réellement chaque parcelle de sa cargaison, vu que les connaissemens portent fréquemment à l'ordre de celui qui les a remis à bord, et que par une correspondance secrette entre les parties qui envoient les marchandises, et qui doivent les recevoir, la chose peut être ménagée en sorte que les effets paraissent appartenir à l'une, et passer à son risque, tandis qu'ils appartiennent effectivement à l'autre.

§. 11. Ainsi la maxime, *que bord libre rend la marchandise libre*, est non seulement tout à fait conforme au droit des gens, mais il sera de plus toujours de l'intérêt de l'Angleterre, qu'elle soit établie et adoptée partout avec l'unique exception des *marchandises de contrebande*, et de celles qu'on transporte dans *des ports des ennemis bloqués* par des vaisseaux de guerre. Et comme les Anglais ont effectivement établi cette règle, par des traités formels avec quelques nations, ils sont obligés en justice de l'établir avec toutes celles qui veulent s'engager à l'observer réciproquement : toutes les nations neutres étant en droit de prétendre à un traitement égal, et à une indul-

et de vexations elle causerait aux vaisseaux marchands de toutes les nations en temps de guerre, cela saute tellement aux yeux, qu'il serait superflu d'y répandre de nouvelles clartés. Il paraît d'ailleurs assez par la conduite de l'Angleterre vis-à-vis des autres nations, combien elle est éloignée de leur passer la pratique de la maxime en question. Car dans les traités de commerce qu'elle à conclus avec d'autres, elle a généralement grand soin de stipuler, qu'en quelque temps qu'il s'élevât des guerres entre la nation contractante et quelques autres, les Anglais jouiront constamment d'un libre commerce avec l'ennemi, et pourront par conséquent prendre une cargaison entière de lui, au cas qu'ils eussent coutume d'en user de la sorte en temps de paix : traités qui, comme j'ai observé, bien loin d'introduire une nouveauté qui dérogeât au droit universel des nations, ne font que confirmer une règle qui en fait partie, et devrait s'observer partout indépendamment des traités : d'autant que sûrement personne n'osera soutenir, que le meurtre, le larcin, ou d'autres crimes semblables ne sont pas défendus par le droit de nature, parce que dans toutes les sociétés, hormi celles des pirates, des brigands et des voleurs, les loix positives et municipales les défendent et les punissent.

§. 14. Il résulte donc de tout ceci, que non obstant tout ce qui peut avoir été pratiqué de contraire parmi certaines nations, et dans des siècles, où l'utilité générale da la liberté du commerce n'a pas été bien entendue, c'est constamment une maxime du droit des gens, que *le vaisseau libre rend la marchandise libre*, et *que tous les effets trouvés sur un vaisseau ennemi*, *sont de bonne prise :* d'autant que cette règle termine toutes les contestations concernant les cargaisons, et laisse à chaque nation neutre la puissance d'un commerce libre à l'égard de tous les effets qui ne sont pas *de contre-*

qui se trouverait à bord des vaisseaux prussiens ne serait saisi, à moins qu'il ne fût de contrebande. N'était-ce pas dire avec autant de précision que des termes en puissent porter, qu'on observerait la maxime, *qu'un vaisseau libre rend la marchandise libre, à tous égards, hormis la contrebande?* Et lord Carteret ayant ajouté, que les navires prussieus seraient traités sur le même pied que ceux des autres *puissances neutres,* il n'a pu entendre par là que les *puissances neutres* avec lesquelles la maxime susdite a été établie. Autrement la dernière partie de sa déclaration contredirait directement la première.

§. 18. Cependant comme des déclarations verbales sont sujettes à être mal interprétées, nous allons examiner celle que le comte de Chesterfield a faite par écrit. En voici les propres termes : „S. M. Prussienne ne „peut ignorer, qu'il y a des traités de commerce qui „subsistent actuellement entre la Grande-Bretagne et „certains états neutres, et moyennant les engagemens „formellement contractés de part et d'autre, par ces „traités, tout ce qui regarde la manière de poursuivre „réciproquement leur commerce, a été finalement dé„terminé et réglé. En même temps il ne paraît point „qu'un pareil traité existe présentement, ou eût jamais „existé entre S. M. et le roi de Prusse. Non obstant, „cela n'empêcha jamais que les sujets prussiens ne „fussent favorisés par l'Angleterre à l'égard de leur „navigation, autant que d'autres nations neutres, et „S. M. ne présume point, que le roi votre maître en„tende demander à S. M. des distinctions, et beaucoup „moins des préférences en faveur de ses sujets sur „ce point."

Or, le terme *non obstant,* n'implique-t-il pas, que la suivante expression, *de nations neutres,* doit s'entendre des nations avec lesquelles S. M. a des traités

que le principe en question étant la véritable règle établie par le droit des gens, pour l'avantage du commerce, les Prussiens ne sont pas moins obligés de s'y conformer. S'ils ne s'y sont pas encore engagés par un acte formel, la faute en est au ministère anglais, puisqu'il ne dépendait que de lui, d'insister sur une contre-déclaration de la part de la Prusse, ou de réduire cet objet en forme d'un traité, et de le faire ratifier de part et d'autre.

§. 21. Il est donc évident que les Prussiens sont en droit de demander satisfaction et réparation pour chaque navire qu'on leur a détenu sous prétexte d'avoir à bord des effets appartenans à des Français, et pour chaque parcelle des effets, qui leur ont appartenu en propre, et qu'on ne leur a pas rendus. Qui plus est, ils sont en droit de demander la même satisfaction pour chaque obole d'effets appartenans effectivement à des Français, et qu'ils ont eu à leur bord. (Voyez *Grotius* S. 3. Chap. 1. §. 5. No. 4. dans les remarques.)

§. 25. Ayant établi ainsi la justice de la prétension des Prussiens, je vais observer ensuite, que dans toutes les transactions entre des états indépendans l'un et l'autre, le roi ou le gouvernement d'une nation et ses sujets, sont censés être *una et eadem persona, une même personne* : par conséquent, ce qui est dû par le roi ou au roi et gouvernement d'une nation, l'est aussi par ou aux sujets d'une nation, et par contre, ce qui est dû par ou aux sujets d'une nation, l'est aussi par ou à son roi ou à son gouvernement. Cela est fondé sur les principes de l'équité aussi bien que sur le droit des gens : ainsi qu'il est prouvé clairement dans *l'exposition des motifs* N°. 52. 53. En effet je ne crois pas qu'il y ait homme de bon sens qui ose le contester. Ainsi tout ce que les armateurs et les sujets d'Angleterre doivent à ceux de Prusse *à raison de*

„droit des gens, doivent demeurer obligés pour les „dettes de l'état."

§. 26. Nous voyons par là que ce n'est pas proprement par voie de *représailles*, mais à titre de *compensation*, que le roi de Prusse est en droit de retenir entre ses mains sur le prêt de Silésie, autant qu'il en faut pour le dédommager *de saisies injustes faites sur ses sujets*. Cependant les créanciers de ce prêt, ne doivent rien perdre de leur argent, étant en droit de demander le résidu au roi et au gouvernement d'Angleterre. Il faut avouer d'ailleurs, que le roi de Prusse en agit généreusement, puisqu'il ne demande les intérêts pour les saisies, qu'à raison de 5 pour cent. Car puisque les intérêts du prêt de Silésie à 7 pour cent, avaient cessé dès le moment que le roi de Prusse a été en droit de demander compensation, il aurait eu raison de demander également 7 pour cent, sur ce qui lui a été dû à cause des saisies. On ne saurait disconvenir non plus, que de toutes les nations du monde, il n'en est point qui ait moins de raison de trouver à redire à cette méthode de remboursement, que l'Angleterre. On se souvient encore, qu'immédiatement après l'avènement du feu roi à la couronne, lorsque le parlement eut accordé une certaine somme, comme due aux Hollandais, bien loin de leur faire remettre la somme entière, le parlement fit examiner ce qui était dû aux officiers de deux régimens écossais au service des deux états, qu'on avait reformés : en suite de quoi on défalqua sur la susdite somme la prétension de ces officiers, dont ils furent payés directement, et l'on n'en remit aux Hollandais que le surplus.

§. 27. On a opposé à ceci, qu'en premier lieu le roi de Prusse n'est pas recevable dans le cas présent, à reclamer le bénéfice de la compensation, vu que le prêt silésien aurait dû, conformément au contract, être déjà

conduire de la même façon, ni de renoncer au droit que lui donnent les loix et la guerre, de s'emparer des effets appartenans aux ennemis, quand elle en trouve sur son propre territoire: d'autant plus que les Français aussi bien que les Anglais ont les uns et les autres des raisons toutes particulières pour en user de la manière qu'ils font.

§. 29. On a prétendu en *troisième* lieu, que puisque la reine de Hongrie a été obligée en vertu du contract de rembourser le prêt sur la Silésie *sans aucun délai, surséance, défalcation, ni rabais quelconque,* le roi de Prusse, en entrant à sa place, s'est imposé les mêmes obligations. Il est aisé d'y répondre. C'est que *la compensation étant paiement,* et ayant été toujours censé tel, tout homme qui paie une partie de sa dette moyennant une *compensation* et tout le reste *en argent comptant* aussitôt qu'il en est requis, la paie en entier, *sans délai, surséance, défalcation ou rabais quelconque.* Si la reine de Hongrie était restée en possession de la Silésie, et qu'elle, ou ses sujets eussent eu une dette à prétendre à la charge du gouvernement d'Angleterre ou de ses sujets, elle aurait été en droit de porter cette dette en compte dans le remboursement du prêt sur la Silésie, et selon toutes les apparences elle n'aurait pas manqué de le faire.

M. Michell, qui fut chargé de remettre cette réplique au ministère britannique, eut ordre de déclarer en même temps, „que S. M. Prussienne, „après l'examen le plus exact de la réponse faite „par la commission anglaise, n'y avait point trouvé „de raisons suffisantes qui dussent la déterminer „à changer de résolution; mais qu'elle n'en était „pas moins disposée à terminer cette affaire à

L'arrêt ayant été levé peu de temps après, et les vingt mille livres Sterlings payés par le gouvernement anglais, cette somme fut distribuée entre les sujets prussiens spécifiés dans la sentence du 17 Juillet 1752, en présence de la commission.

Anciennement les souverains de la Russie portaient le titre *Autocratores* (1), *Magni domini*, *Grands-Princes*, *Czars* (2).

Dans le dix-septième siècle ils commencèrent à se servir du mot *imperator*, dans les traductions latines des actes et écrits publics adressés aux autres puissances (3); mais ce ne fut que Pierre I, qui en 1721, après les victoires remportées sur Charles XII, roi de Suède, prit formellement le titre *d'empereur de Russie.*

Il en donna connaissance à tous les ambassadeurs des cours étrangères (4) qui toutefois ne se

---

Pologne, reçut en 906, de l'empereur Otton III le titre et les ornemens royaux; et depuis ce temps là, les chefs de la république de Pologne prirent le titre de rois. L'empereur Henry IV, éleva à la dignité royale Vladislas duc de *Bohême.* L'empereur Frédéric I surnommé Barberousse, donna au duc Pierre l'investiture du *Danemark* et l'en couronna roi.

(1) Titre que les empereurs grecs avaient adopté anciennement.

(2) Le mot *Czar* ou *Tzar* signifie en langue slave *roi*, et non pas *Cæsar* ou *imperator*, comme les autres nations, faute de connaissance de la langue russe, le traduisaient pendant long-temps.

(3) L'empereur d'Allemagne Léopold I fut si choqué de cette innovation, que dans la lettre qu'il écrivit à Pierre I en 1687, il lui déclara qu'il renverrait à l'avenir tout acte émané de la chancellerie russe, si l'on persistait dans cet usage. Lorsque dans la suite ces deux cours s'allièrent, l'empereur d'Allemagne ne voulant donner à Pierre I, ni le titre de Czar ni celui d'Empereur, se servit de l'épithète, *Majesté Russe*, ou, *S. M. de toutes les Russies.*

(4) Le czar fit transmettre en cette occasion, la copie d'une lettre de l'empereur Maximilien I, adressée au czar Basile, en 1514, dans laquelle l'empereur donnait à ce prince le titre *imperator.*

Marie-Thérèse, reine de *Hongrie* ne donna le titre *impérial* à Élisabeth, qu'en 1742, dans la lettre de créance dont elle chargea le marquis de Botta, son envoyé à la cour de Russie.

Dans l'accommodement fait à Constantinople, le 8 Septembre 1741, entre la Russie et *la Porte ottomane*, cette dernière s'engagea par l'art. I., de donner toujours à la czarine le titre *d'Impératrice* (1).

La république *de Pologne* n'accorda à Catherine II le titre *d'Impératrice de toutes les Russies*, qu'en 1764, lors de la diète de convocation des états; et sous condition qu'elle ne formerait aucune prétension sur la Russie-rouge (2).

Les cours *de France* et *d'Espagne* n'accordèrent à Élisabeth le titre *d'Impératrice* qu'en 1745 et encore en exigeant d'elle une *réversale* (3) ou déclara-

---

(1) L'art. portait „que dans toutes les négociations qui auraient „lieu entre la Porte et la Russie, le Grand-Sultan donnerait à „S. M. la Czarine le titre *d'Impériale*"; et même encore dans la paix de Kainardgi en 1774, la Porte promit par l'art. 13me „d'employer en langue turque le titre sacré *d'Impératrice de toutes les* „*Russies* dans tous les actes et lettres publiques, ainsi que dans tous „les autres cas échéans."

Le titre : *Impératrice de toutes les Russies*, se traduit en langue turque par, *Temamen Roussie lerin Padischatz.*

(2) En 1763, l'Impératrice avait fait notifier, qu'elle n'avait pu reconnaître M. de Borch comme ambassadeur de Pologne, tant que l'accomodement relatif au titre *d'Impérial* n'ait eu lieu.

(3) *Réversales*, ou *litterae reversales*, sont des lettres par lesquelles quelqu'un répond qu'il gardera les conditions établies. Voyez *Du Cange, Glossarium.*

ses lettres de créance (1), la qualité *d'Impératrice de toutes les Russies* et la traita de *Majesté Impériale* (2).

Quoique cette réversale donnée par la Russie, parût devoir prévenir toute contestation entre les deux souverains, elle donna cependant lieu plus tard à de nouvelles difficultés sur le cérémonial.

Pierre III, qui avait succédé en Janvier 1762, à l'impératrice Élisabeth, n'ayant point encore donné à la cour de France la réversale qui lui assurait le titre d'Impérial, la *gazette de France* donnait à ce monarque la qualité de Czar, mais ne lui accordait point celle d'Empereur. Le comte de Czernicheff, alors ministre de Russie à la cour de Louis XV, crut devoir en conséquence écrire la lettre ci-après au duc de Choiseul, ministre des affaires étrangères de S. M. Très-Chrétienne.

---

(1) La lettre de créance portait pour suscription : *A notre très-chère et grande amie l'Impératrice de toutes les Russies.*

(2) M. d'Aillon, dans son discours d'audience, témoignait encore à l'Impératrice : „que le roi reconnaissait en elle avec plaisir un „titre qu'elle portait si dignement et auquel elle ajoutait un nouvel „éclat, par des vertus si propres à perpétuer dans l'esprit de la „nation, le respect et la vénération dus à la mémoire de Pierre I, „dont elle suivait si glorieusement les traces."

Lorsque ce ministre fut ensuite conduit aux audiences du grand-duc et de la grande-duchesse, il leur donna à l'un et à l'autre le titre *d'Altesse Impériale.*

Impératrice, que sous la condition formelle d'une réversale, par laquelle il fût stipulé que ce nouveau titre n'apportèrait aucun préjudice au cérémonial usité entre les deux cours. S. M. désirant sincèrement de maintenir l'union et la bonne harmonie qui ont régné jusqu'à présent entre la France et la Russie, n'a pas fait difficulté d'accorder le même titre au successeur de l'Impératrice Élisabeth; et les lettres de créance de son ministre sont adressées à l'empereur de toutes les Russies; mais à condition d'une semblable réversale, ou d'une déclaration qui constate que la première subsiste dans toute sa vigueur. M. de Breteuil n'ayant pas encore remis ses lettres de créance, ce point de cérémonial ne peut être fixé; et j'espère apprendre par les premières nouvelles de Pétersbourg, que toutes les difficultés auront été applanies.

J'ai expliqué en dernier lieu à V. Exc. que M. le baron de Breteuil avait ordre préalablement à tout, de demander l'audience dans laquelle il doit remettre ses lettres de créance. C'est la première fonction que doit faire tout ministre étranger dans la cour près de laquelle il est accrédité; et cette audience indépendante de toute autre formalité, ne saurait lui être refusée sous aucun prétexte.

J'ai déclaré en même temps à V. Exc., que M. de Breteuil n'avait point refusé de faire la première visite à M. le prince George de Holstein, et qu'il avait simplement demandé une notification de son arrivée; formalité d'usage, et qui ne peut même être considérée comme un honneur (1). En conséquence, le ministre du roi à Pétersbourg, n'ayant pas le titre d'ambassadeur, a

(1) L'empereur avait fait signifier au ministre de Louis XV qu'il refusait de recevoir ses lettres de créance, jusqu'à ce qu'il eût fait une visite de prévenance au prince George de Holstein qui prétendait l'exiger sans lui avoir fait notifier son arrivée.

prononciation, que pour rendre ce titre plus intelligible, que mes augustes maîtres ont consenti à le changer en celui d'empereur; titre que toutes les puissances de la terre se sont empressées de leur faire agréer. La France, il est vrai, a été une des dernières; mais son retard n'a porté aucun préjudice, puisque comme vous le reconnaissez vous-même, S. M. le roi, votre maître, n'a pas hésité à continuer de donner le titre d'empereur, au successeur de l'impératrice Élisabeth, et que les lettres de créance de M. le baron de Breteuil sont adressées à l'*empereur de toutes les Russies.*

A l'égard de la *réversale*, ou déclaration que M. le baron de Breteuil réclame, je n'en connais point d'autre que celle du 16 Mars 1745; et je ne vois pas pour quelle raison elle est citée, ainsi que ces mots soulignés: *aucun préjudice au cérémonial usité entre les deux cours,* puisque cette réversale est à l'avantage de la cour de Russie; et pour ce qui est du cérémonial, j'ignore qu'il y en ait un particulier d'établi entre ces deux cours.

Quant à ce qui regarde M. de Breteuil, je ne puis y répondre que ce que j'ai déjà eu l'honneur de vous dire en dernier lieu, lorsque je vous fis part de la déclaration qui a été faite par M. le chancelier, de la part de l'empereur, mon maître, à tous les ministres étrangers résidant à sa cour, qu'il désirait avant de les admettre à son audience, qu'ils fissent la première visite à S. A. M. le prince George de Holstein; j'eus ordre de vous assurer, comme je l'ai fait, que l'empereur mon maître, s'attendait à d'autant moins de difficultés de la part de cette cour, qu'il régardait cette démarche comme une preuve de l'union et de la bonne harmonie qui a régné jusqu'à présent entre la Russie et la France.

Tous les ministres étrangers ont satisfait à ce que l'empereur exigeait d'eux; et celui de LL. MM. Impériales et Royales, qui est revêtu du caractère d'ambas-

d'après les ordres du roi, demandé au chancelier comte de Woronzoff, qu'il lui fût remis une réversale semblable à celle donnée par l'impératrice Élisabeth, et par Pierre III, le chancelier après avoir essayé d'en montrer l'inutilité, en protestant que jamais les souverains de Russie ne formeraient des prétentions de cérémonial qui blessassent la plus parfaite égalité, finit par dire au ministre de Louis XV, qu'il craignait que l'impératrice offensée de cette démarche, ne refusât de le satisfaire.. En même temps le comte de Woronzoff prévenait le baron de Breteuil, qu'il aurait le lendemain, 6 Septembre, une audience de l'impératrice, avec les ministres de Suède, de Danemark, de Hollande et de Prusse.

Mais M. de Breteuil, qui avait ordre d'exiger la réversale avant la remise de la lettre de créance, se rendit chez le chancelier, pour savoir à quoi s'en tenir sur ce point. Le comte de Woronzoff lui ayant dit qu'on traiterait cette affaire après les audiences, le baron de Breteuil lui fit connaître, qu'il ne pouvait profiter de la bonté que l'impératrice avait eue de lui assigner son audience pour le lendemain, si elle ne lui faisait remettre auparavant la réversale; et il exposa à M. de Woronzoff, les conséquences générales, et celles propres à l'impératrice, qui naîtraient de son refus de remplir envers le roi une formalité sans laquelle ce monarque ne pouvait la traiter que de czarine. M. de Woronzoff répondit à M. de Breteuil par la note ci-après, du 26 Août. (v. st.)

L'impératrice fit de sa propre main la réponse suivante.

N°. VI.

Lettre autographe de l'impératrice Catherine II, au baron de Breteuil.

Monsieur, j'ai répondu avec empressement aux marques d'amitié du roi, votre maître, en vous indiquant votre audience, le lendemain de votre arrivée; vous y avez trouvé des difficultés; j'y ai fait répondre; et je crois avec vérité, que mon titre est attaché à mon empire et que, par conséquent il est inutile de répéter ce qui a été une fois arrangé. J'ai toujours beaucoup d'estime pour vous, et n'ai mis aucune difficulté, comme de raison, à vous voir.

Voici la réponse à la lettre que vous m'avez envoyée. Faites-la passer sûrement, mais bien incognito. Vouz devez être assuré que je répondrai toujours avec plaisir à l'amitié du roi.

CATHERINE.

Louis XV désirant toutefois voir terminée cette discussion, le duc de Choiseul donna de nouvelles instructions au baron de Breteuil par la lettre suivante.

N°. VII.

Lettre du duc de Choiseul ministre des affaires étrangères de Louis XV, adressée au baron de Breteuil, ministre du roi à Saint-Pétersbourg; du 12 Octobre 1762.

M. le prince Gallitzin, qui est ici chargé des affaires de Russie, depuis que M. de Czernicheff a pris ses

quelques autres cours envers celle de Pétersbourg; et jamais elle ne nous verra nous assujétir aveuglement à ses caprices, mais, après lui avoir suffisamment fait connaître nos maximes à cet égard, nous profiterons volontiers des moyens qui se présenteront naturellement, pour concilier la dignité du roi, avec son amour pour le maintien de la bonne intelligence etc.

Le duc de Choiseul proposa deux expédiens, et s'exprimait ainsi à ce sujet:

La réversale donnée par Pierre III, vaudrait encore pour Catherine II, attendu que la France lui avait accordé, du vivant de son époux, le titre d'*impératrice*; mais que l'exemple de Catherine II ne pourrait tirer à conséquence, et que leurs successeurs seraient tenus à donner une réversale.

Le second expédient serait de conclure une convention perpétuelle, qui assurât le titre *Impérial* aux souverains russes, en réservant en faveur de la France, les avantages du cérémonial portés dans la réversale. Par-là, les empereurs de Russie seraient débarrassés à jamais de la répétition importune de cette formalité. Sur ce, Monsieur, il sera bon que vous fassiez observer à M. de Woronzoff, que si ce point de cérémonial entre les deux cours était réglé par l'effet d'une convention régulière ou la stipulation d'un traité, nous le regarderions comme un engagement de l'état et de la couronne de Russie; mais qu'une simple réversale, telle que nous l'avons eue de l'impératrice Élisabeth et de l'empereur son neveu, n'est qu'un accord personnel, qui meurt avec la partie contractante, et qui, par conséquent, a besoin d'être renouvelé par son successeur. Le dernier moyen serait le plus convenable pour étouffer à l'avenir tout germe de discussion sur l'article du cérémonial, et c'est celui que vous devez proposer d'abord. Mais vous ferez en même temps connaître que ce serait s'abuser, que de regarder ces ouvertures

nérale, que le titre d'*Impérial*, par sa nature même, étant une fois attaché à la couronne et à la monarchie de Russie, et perpétué depuis longues années et successions; ni elle, ni ses successeurs à perpétuité, ne pourront plus renouveler lesdites réversales, et encore moins, entretenir quelque correspondance avec des puissances qui refuseraient de reconnaître le titre *impérial* dans la personne des souverains de toutes les Russies, ainsi que dans leur couronne et leur monarchie.

Et pour que cette déclaration termine une fois pour toutes, les difficultés dans une matière qui n'en doit offrir aucune, S. M. Impériale, en partant de la déclaration de Pierre-le-grand, *déclare que le titre d'impérial n'apportera aucun changement au cérémonial usité entre les cours, lequel restera sur le même pied.*

Fait à Moscou, le 21 Nov. (v. st.) 1762.

Pr. A. Gallitzin.

Quoique cette déclaration convertît en droit, ce qui n'était qu'une concession, et que sa forme fût différente de celle sollicitée par le baron de Breteuil; il crut devoir l'accepter par une lettre qu'il écrivit au comte de Panin, et eut le lendemain son audience de l'impératrice.

Mais la cour de France, trouvant la déclaration de la Russie trop hautaine, crut devoir faire la contre-déclaration suivante.

No. IX.

Contre-déclaration de la cour de France; du 28 Janvier 1763.

Les titres ne sont rien par eux-mêmes. Ils n'ont de réalité qu'autant qu'ils sont reconnus, et leur valeur dépend de l'idée qu'on y attache, et de l'étendue que

le rang et la préséance; dès ce moment la couronne de France, par une juste réciprocité, reprendrait son ancien stile, et cesserait de donner le titre *impérial* à celle de Russie.

Cette déclaration tendant à prévenir tout sujet de difficulté pour l'avenir, est une preuve de l'amitié du roi pour l'impératrice, et du désir sincère qu'il a, d'établir entre les deux cours une union solide et inaltérable (1).

Fait à Versailles, le 28 Janvier 1763.

CHOISEUL, DUC DE PRASLIN.

---

(1) La *contre-déclaration* que *la cour d'Espagne* fit remettre en cette même occasion au ministère russe; le 5 Février 1763, (*voyez plus haut p.* 93) était ainsi conçue:

Le roi Don Carlos III, regnant en Espagne, sachant que le titre *Imperial*, ainsi que tout autre, n'abolit ni ne fixe le rang des monarchies, lorsque quelque souverain se l'attribue de son propre mouvement, ainsi que l'a fait le czar Pierre I, n'a pas balancé, dès son avènement au trône, à donner ce titre à l'impératrice de Russie Élisabeth, sans avoir égard aux refus qu'en avaient faits les rois ses prédécesseurs. Cette princesse a répondu à cette marque d'amitié, en remettant au marquis d'Almodavas, ministre de S. M. Catholique auprès de sa personne, une réversale semblable à celle qu'elle avait donnée au roi Très-Chrétien, lorsque ce monarque accorda le même titre à cette princesse, sous la condition, que cela n'apporterait aucun changement au cérémonial usité entre les deux cours. A l'exemple d'Élisabeth, Pierre III, son neveu, renouvela cette réversale; mais l'impératrice actuelle Catherine II, a cru devoir y substituer une déclaration donnée à Moscou, le 3 Décembre 1762, signée par le comte de Woronzoff, son grand-chancelier, et remise au ministre de S. M. Catholique, ainsi qu'à ceux des autres puissances.

Le roi Catholique connaît tout le prix de l'amitié de l'impératrice de Russie, Catherine, et de la bonne correspondance établie entre les deux cours. Pour lui prouver ses sentimens à cet égard, il consent avec plaisir, et sans exiger d'autre formalités que la déclaration ci-dessus mentionnée, à lui accorder le titre *impérial*, et à le reconnaître comme attaché à sa personne et au trône de Russie; mais

CAUSE TROISIÈME.

Refus de passeport donné en 1772, par le ministère de France, au baron de Wrech, ministre de Hesse-Cassel à Paris, pour n'avoir point satisfait ses créanciers.

LORSQU'EN 1772, le baron de Wrech, rappelé de la cour de France, où il avait résidé en qualité de ministre plénipotentiaire du Landgrave de Hesse-Cassel, voulut partir de Paris, sans avoir payé ses dettes, le duc d'Aiguillon, ministre des affaires étrangères de S. M. Très-Chrétienne, sur les sollicitations des créanciers du ministre étranger et notamment sur celles qui lui furent adressées par le marquis de Bezons, envers lequel le baron de Wrech s'était engagé par écrit, à fournir caution bourgeoise pour l'exécution du bail de la maison qu'il lui avait louée, refusa à ce ministre les passeports qu'il lui avait demandés.

Le baron de Wrech croyant devoir réclamer en cette occasion l'appui de ses collègues, sut les porter à adresser en commun au ministre secrétaire d'état de France la note suivante.

lieu aux réclamations de MM. les ambassadeurs et ministres, sont telles, qu'il ne peut en résulter aucune atteinte à leurs droits ni à leurs privilèges.

Fait à Versailles, le 7 Janvier 1772.

LE DUC D'AIGUILLON.

Pour justifier la conduite que l'on avait tenue envers le ministre de Hesse-Cassel, la cour de France fit remettre le mémoire ci-après, à tous les ambassadeurs et ministres étrangers.

N°. III.

Mémoire que le ministère de France fit remettre aux ambassadeurs et ministres étrangers résidant à Paris; en Février 1772 (1).

L'immunité des ambassadeurs et autres ministres publics, est fondée sur deux principes; 1) *sur la dignité du caractère représentatif auquel ils participent plus ou moins*; 2) *sur la convention tacite qui résulte de ce qu'en admettant un ministre étranger, on reconnaît les droits que l'usage, ou si l'on veut, le droit des gens lui accorde.*

Le droit de représentation les autorise à jouir dans une mesure déterminée, des prérogatives de leurs maîtres. En vertu de la convention tacite, ou, ce qui est la même chose, en vertu du droit des gens, ils peuvent exiger qu'on ne fasse rien qui les trouble dans leurs fonctions publiques.

L'exemption de la jurisdiction ordinaire, qu'on appelle proprement *immunité*, découle naturellement de

(1) Ce fut, dit M. de Flassan, dans son *hist. de la diplomatie française*, M. Pfeffel, jurisconsulte du roi, qui fut chargé de la rédaction de ce mémoire. Dans l'ouvrage cité, il ne se trouve qu'un extrait de cette pièce.

qui s'y livrait avec d'autant plus de chaleur qu'il défendait sa propre cause, convient de ce principe et avoue:

Que les ambassadeurs peuvent être forcés de remplir les contrats qu'ils ont passés par-devant notaire, et qu'on peut saisir leurs meubles pour prix de loyer des maisons, dont les baux auraient été passés de cette manière. (*T. I. p.* 416.)

4) L'immunité étant fondée sur une convention, et toute convention étant réciproque, le ministre public perd son privilège, lorsqu'il en abuse contre les intentions constantes de deux souverains.

C'est par cette raison qu'un ministre public ne peut pas se prévaloir de son privilège pour se dispenser de payer les dettes qu'il peut avoir contractées dans les pays où il réside :

1) Parce que l'intention de son maître ne peut point être qu'il viole la première loi de la justice naturelle, qui est antérieure aux privilèges du droit des gens;

2) Parce qu'aucun souverain ne veut, ni ne peut vouloir que ces prérogatives tournent au détriment de ses sujets, et que le caractère public devienne pour eux un piège et un sujet de ruine;

3) On pourrait saisir les biens mobiliers du prince même que le ministre représente, s'il en possédait sous notre juridiction; de quel droit les biens du ministre seraient-ils donc exceptés de cette règle?

4) L'immunité du ministre public consiste essentiellement à le faire considérer comme s'il continuait à résider dans les états de son maître.

Rien n'empêche donc d'employer vis-à-vis de lui les moyens de droit dont on userait s'il se trouvait dans le lieu de son domicile ordinaire.

Dans toutes les autres cours, la jurisprudence paraît à peu près égale, les procédés seuls peuvent différer.

À *Vienne*, le maréchalat de l'empire s'arroge, sur tout ce qui ne tient pas à la personne de l'ambassadeur et à ses fonctions, une juridiction proprement dite, dans une étendue qu'on a quelquefois envisagée difficile à concilier avec les maximes généralement reçues. Ce tribunal veille d'une manière particulière sur le paiement des dettes contractées par les ambassadeurs, surtout au moment de leur départ.

On en a vu l'exemple, en 1764, dans la personne de M. le comte de Czernicheff, ambassadeur de Russie, dont les effets furent arrêtés jusqu'à ce que le prince de Liechtenstein se fût rendu sa caution.

En *Russie* un ministre public est assujetti à annoncer son départ par trois publications. On y arrêta les enfans, les papiers et les effets de M. de Bausset, ambassadeur de France, jusqu'à ce que le roi eût fait son affaire des dettes que ce ministre avait contractées.

À la *Haye*, le conseil de Hollande s'arroge une juridiction proprement dite dans les états où les intérêts des sujets se trouvent compromis.

En 1688 un exploit fut signifié à un ambassadeur d'Espagne en personne, qui en porta des plaintes (*Bynkershoek p.* 188); les États jugèrent qu'elles étaient fondées, en ce qu'il n'aurait fallu remettre l'exploit qu'aux gens de l'ambassadeur.

À *Berlin*, en 1723, le baron de Posse, ministre de Suède, fut arrêté et gardé, parce qu'il refusait de payer un sellier, malgré les avertissemens réitérés du magistrat.

À *Turin*, le carosse d'un ambassadeur d'Espagne fut arrêté sous le regne d'EMANUEL. La cour de Turin se disculpa à la vérité de cette violence; mais personne ne réclama contre les procédures qui avaient été faites pour condamner l'ambassadeur à payer ses dettes.

Cette maxime est encore plus de saison, lorsque des circonstances particulières et aggravantes chargent le ministre du reproche de mauvaise foi et de manoeuvres répréhensibles.

Lorsqu'il viole lui-même ainsi la sainteté de son caractère et la sécurité publique, il ne peut point exiger que d'autres le respectent.

Pour appliquer ces maximes au cas particulier de M. le baron de Wrech, ministre plénipotentiaire du Landgrave de Hesse-Cassel, il suffit de rappeler sa conduite depuis son arrivée à Paris, et surtout depuis huit mois.

Les voies indécentes qu'il avait adoptées pour se procurer de l'argent, ayant été supprimées, il s'est livré à toutes sortes de manoeuvres, que les ménagemens qu'on a pour son caractère empêchent de caractériser.

On se contentera de remarquer, que tout conduit à penser que ce ministre a formé le dessein de frustrer ses créanciers en sortant du royaume; et cette circonstance suffit pour autoriser à prendre contre lui les mêmes mesures qu'on prendrait, s'il était effectivement sorti du royaume, après avoir déposé son caractère par la remise de ses lettres de rappel.

Le ministère des affaires étrangères l'a fait exhorter par le magistrat chargé de la police, et l'a exhorté lui-même, à faire honneur à ses engagemens.

Dès-lors les poursuites qu'on pouvait faire contre lui devenaient légitimes, pourvu qu'elles ne passassent pas les bornes indiquées plus haut.

Le marquis de Bezons se trouvait même dans un cas plus particulier; le baron de Wrech avait contracté avec lui par écrit; il avait promis de fournir caution bourgeoise pour l'exécution du bail de la maison. Le baron de Wrech avait donc contracté l'engagement d'assujettir

fait récent a mis en évidence le sentiment qu'il avait lui-même sur l'immunité. Il fit en effet emprisonner, il y a quatre ou cinq ans, le comte de Wartensleben, ministre de Hollande, pour le forcer de rendre compte d'une fondation dont il était l'exécuteur. L'entreprise sur la personne d'un ministre public fut à la vérité condamnée; mais les États-généraux ne contestèrent pas la juridiction du Landgrave; et, dans le cas où se trouve le baron de Wrech, les principes que ce prince a soutenus, ne lui permettront pas de soustraire son ministre aux mesures capables d'assurer les droits des sujets du roi, ni de les priver du seul gage qu'ils aient de l'exécution de leurs conventions avec lui.

La gazette de France ayant publié ce mémoire dans une de ses feuilles, le baron de Wrech en porta plainte au duc d'Aiguillon; qui toutefois se contenta de lui faire la réponse suivante.

No. IV.

Lettre du duc d'Aiguillon au baron de Wrech, ministre de Hesse-Cassel à la cour de France; du 23 *Janvier* 1772.

Je ne perds pas un moment, Monsieur, pour répondre à la lettre que vous m'avez fait l'honneur de m'écrire le 22 de ce mois.

C'est avec une peine bien vive que j'apprends que l'on a inséré dans la *gazette de* ..... un écrit relatif à votre position et qui vous soit injurieux. Je m'empresse, Monsieur, de vous déclarer que je désavoue tout ce qu'on peut avoir publié sur cette affaire, qui par sa nature et par les mesures que le roi a jugé à propos de prendre doit être tenue secrète. Je ne puis donc qu'applaudir au parti que vous avez pris de demander

CAUSE QUATRIÈME.

Différends survenus en 1776, entre le Danemark, l'Angleterre et la Hollande, au sujet du commerce avec le Groenlande.

Frédéric V, roi de Danemark, ayant accordé à une compagnie privilégiée de Copenhague, le droit exclusif de faire le commerce avec les colonies et loges danoises établies en Groenlande, son successeur le roi Christian VII, fit publier en 1776 l'ordonnance ci-après, par laquelle la défense du commerce des étrangers et des sujets non privilégiés avec ce pays fut renouvelée. Voici le texte de cette ordonnance.

N°. I.

Ordonnance du roi de Danemark, portant renouvellement de la défense du commerce des étrangers et des sujets non privilégiés avec le Groenlande; en date du 18 Mars 1776 (1). (Extrait.)

Christian VII, etc. savoir faisons : Malgré tous les avertissemens et placards tant anciens que récens (entre

---

(1) Traduit du Danois, qui se trouve dans *Schou Chronologiste*

sances étrangères se rendent annuellement en Groenlande et dans les îles et places qui en dépendent, en s'appropriant non seulement les meilleures productions du pays par un commerce illicite avec les habitans, tant dans les ports que dehors, mais en outre en exerçant toute sorte de violences contre eux, soit pour leur enlever ou gâter leurs instrumens de pêche ou autres propriétés; à ces causes le Roi, en qualité de souverain roi et seigneur légitime et héréditaire de ces pays, et des îles et endroits qui en dépendent, s'est trouvé engagé, pour avancer le bien et la sûreté de ce commerce, de répéter et de renouveler par la présente ordonnance (laquelle dans la suite servira seule de règle et de norme à cet égard) tous les avertissemens et défenses émanées jusqu'ici, et de les déclarer et déterminer ultérieurement d'après les circonstances présentes.

Art. I. Navigation et commerce défendus.

Comme l'établissement actuel du commerce et de la pêche de Groenlande, ou celui qui dans la suite du temps pourrait être privilégié, est et restera seul autorisé à faire exercer le commerce et la navigation avec toutes les colonies et loges établies, ou qui pourront s'établir dans la suite, en Groenlande et dans les îles qui en dépendent, dans le détroit de Davis et la baye de Disco, ainsi que dans tous les autres ports ou places quelconques, sans distinction ou exception quelconque: il est entièrement défendu par la présente ordonnance à tous autres, soit étrangers soit sujets de S. M. quelconques, et sous quelque prétexte que ce puisse être, de naviguer ou de faire le commerce avec ledit pays et les îles, places et ports qui en dépendent, et les colonies et loges qui y sont établies, et qui pour le présent s'étendent depuis le 60 jusqu'au 73 degré de latitude boréale, et ceux qui dans la suite pourraient être établis dans ce pays, lesquels établissemens, dès qu'ils auront

voit forcé malgré lui de chercher un port de la Groenlande ou des îles qui en dépendent, ceci ne lui sera pas défendu; mais d'un autre côté il aura soin de ne pas s'y arrêter plus long-temps que ne l'exige la nécessité urgente. Et s'il pouvait naître un soupçon fondé contre lui, soit d'un commerce illicite, soit d'un traitement illégitime, ou de violences contre les habitans ou les colons danois, non seulement il subira une inquisition légale, mais sera même puni d'après l'art. III, si qu'on lui trouve des marchandises achetées en Groenlande, ou des marchandises étrangères destinées pour le commerce avec les Groenlandais.

Peu de temps après la publication de cette ordonnance, il s'éleva à ce sujet des différends entre la cour de Danemark et celle de la Grande-Bretagne et les Provinces-Unies des Pays-Bas. Les premiers furent occasionnés par la saisie d'un brigantin anglais nommé *le Windsor*, amené par le capitaine d'une frégate danoise au service de la compagnie de commerce de Groenlande. Ils donnèrent lieu à la correspondance suivante entre les deux gouvernemens.

No. II.

Note de M. de Laval, ministre résident de S. M. Britannique à la cour de Copenhague, adressée au comte de Bernstorff, ministre et secrétaire d'état des affaires étrangères de S. M. Danoise; du 25 Septembre 1776.

Ce fut le 20 Mars, qu'Etienne Kidder, maître d'un brigantin nommé *le Windsor*, du port de cent tonneaux ou environ, partit de Nantuchet sur les côtes de la Nouvelle-Angleterre, lieu de sa naissance, et de

Cet exposé que le soussigné ministre résident du roi de la Grande-Bretagne croit devoir présenter à V. Exc., est fondé sur l'examen le plus exact et le plus scrupuleux, que le soussigné a fait du susdit Kidder dans plusieurs conversations réitérées, d'où la crainte et toute autre influence illicite ont été bannies.

Il est corroboré par le rapport même du sieur Pul, qui quoiqu'intéressé à justifier sa démarche et à pallier de son mieux sa conduite, n'a pas osé avancer rien qui se trouve contraire à cette déposition de Kidder. V. Exc. permettra au soussigné de lui rappeller, que lorsqu'il eut l'honneur de l'entretenir sur cet évènement le 19 Août, elle lui fit espérer que cette affaire serait incessamment discutée et décidée avec toute la promptitude possible. Nonobstant cette promesse et les bonnes intentions de V. Exc. qui ne sont point douteuses, le soussigné se voit obligé de se plaindre des délais qu'on fait essuyer au Sr. Kidder.

Quoique son vaisseau fût le premier arrêté, et son affaire très-distincte de celle des deux capitaines hollandais, on les a confondus ensemble; on a différé son examen qui, par sa nature, devrait être très-court, jusqu'après celui des Hollandais dont les équipages étant nombreux ont dû prendre, et ont pris beaucoup de temps à interroger.

Depuis quinze jours que ces examens sont finis, on le retient encore, quoiqu'il n'y ait rien à sa charge, et que même ces peaux qui ont servi de prétexte à son arrêt, soient reconnues appartenir à un de ces Iroquois, qui dit „les avoir eues d'un de ses frères groenlandais, „en échange d'une vieille chemise et d'un vieux cha-„peau, à l'insçu de son patron et du reste de l'équi-„page, et dans l'intention de s'en faire des culottes.“ Dans une affaire qui intéresse des nations puissantes, peut-on sérieusement, Monsieur, risquer de troubler la bonne harmonie pour un pareil sujet? peut-on sérieu-

point que la prudence de V. Exc. ne lui montre la nécessité de les prévenir et ne lui en suggère les moyens.

Copenhague, le 25 Septembre 1776.

D. DE LAVAL.

N°. III.

Réponse du comte de Bernstorff à la note précédente.

C'est une bien grande satisfaction pour moi, Monsieur, de pouvoir vous annoncer, en réponse à votre mémoire du 25 Septembre, que le roi, mon maître, s'étant de suite fait rapporter tout ce qui pouvait parler en faveur du vaisseau *le Windsor*, commandé par le maître Étienne Kidder, légalement condamné et confisqué, par le tribunal de l'amirauté, S. M. a adouci la rigueur des loix, et que désirant particulièrement de donner à S. M. Britannique un témoignage public de son amitié et de son égard pour la nation anglaise, elle vient d'ordonner que l'arrêt dudit vaisseau et de sa cargaison soit incessamment levé, et qu'on ne porte aucun obstacle à son départ et à la liberté de continuer sa route.

Du département des affaires étrangères à Copenhague, le 5 Octobre 1776.

A. P. Bernstorff.

N°. IV.

Seconde note de M. de Laval, adressée au comte de Bernstorff; du 7 Octobre 1776.

Le soussigné voit, Monsieur, par la note qui lui a été remise hier matin de la part de V. Exc. que S. M. le roi de Danemark, prêtant l'oreille à la voix de la justice, a daigné révoquer la sentence portée par le tribunal de l'amirauté contre le vaisseau *le Windsor* de Nantuchet, et qu'il était ordonné que l'arrêt dudit vaisseau

sa saisie était légale, ou si elle ne l'était pas; mais qu'elle n'est plus admissible selon la nature de la chose et les usages généralement reçus de toutes les puissances de l'Europe, dès qu'une sentence a été prononcée par un tribunal compétent à décider ce point, et dès qu'un vaisseau a été légalement condamné et déclaré confiscable avec sa cargaison. S. M. est sure d'avoir donné la preuve la moins équivoque et la moins ordinaire de son amitié pour S. M. Britannique, en arrêtant l'exécution et l'effet d'un arrêt donné en faveur de la compagnie de Groenlande. C'est elle seule qui pourrait demander un dédommagement, et le roi est très-convaincu que S. M. Britannique ne verra dans le dénouement amical de cette affaire, que ses égards particuliers pour elle, et son désir constant de lui en donner toutes les preuves qu'elle peut souhaiter et attendre de sa part.

Du département des affaires étrangères à Copenhague, le 10 Octobre 1776.

A. P. Bernstorff.

Les différends qui à cette même époque s'élevèrent pour le même sujet entre le gouvernement de S. M. Danoise et celui de la république de Hollande, par suite de la saisie de deux bâtimens hollandais déclarés de bonne prise, donnèrent lieu à l'échange des notes ministérielles suivantes.

N°. I.

Note de M. Bosc de la Calmette, ministre de Hollande à la cour de Copenhague, adressée au comte de Bernstorff, ministre et secrétaire d'état des affaires étrangères de S. M. Danoise; du 26 *Septembre* 1776.

Les SS. Cornelis et Jacob Middelhoven, négocians à Zaardam en Nord-Hollande, et propriétaires des vais-

procédure, j'ai eu d'autant plus lieu d'attendre une issue favorable de cette affaire, que j'eus la satisfaction d'apprendre quelques jours après, que la visite la plus exacte de ces vaisseaux, n'avait pu donner lieu au moindre soupçon, qu'ils fussent destinés à faire le commerce, ou qu'ils en eussent pu faire aucun dans un pays où le négoce ne se fait que par échange, puisqu'il ne s'y est trouvé ni marchandises à l'usage de ce pays, ni quoi que ce soit qui pût être regardé comme un objet de négoce.

J'eus encore la satisfaction d'être informé dans la suite, que les dépositions de ces commandans se trouvaient en tout conformes à la plus exacte vérité et au rapport même du capitaine Pul, qu'elles étaient pleinement confirmées par le résultat des dépositions de tout leur équipage, et qu'à mesure que l'affaire se traitait, toutes les accusations vagues, toutes les présomptions alléguées contre eux, toutes les insinuations à leur désavantage, s'évanouissaient par l'examen, et qu'ainsi il était clair comme le jour, que ni l'un ni l'autre n'avait eu le moindre dessein de contrevenir, et n'avait en effet contrevenu à aucun égard, au vrai sens ni au but raisonnable de l'ordonnance royale de l'année 1758 (la seule qui leur fût connue lors de leur départ de Hollande) lequel but ne peut être autre, que de défendre et de prévenir tout négoce que les vaisseaux des nations étrangères pourraient vouloir faire avec les habitans de Groenlande.

Je me flatte donc que ces vaisseaux ne peuvent être déclarés de bonne prise sur le seul fondement des peaux de chiens-marins trouvées à leur bord, puisque:

Il est prouvé que ces deux commandeurs, qui n'ont pas une seule fois quitté leur vaisseau, ni seulement jetté l'ancre sur les côtes de Groenlande, non seulement n'ont fait aucun commerce eux-mêmes, mais aussi qu'ils ont défendu très-expressément à tout leur équipage, d'en faire, et qu'ils ont réitéré ces défenses aux gens de la cha-

surtout après qu'il conste, que les marchands eux-mêmes, lorsqu'ils les ont consultés, leur ont dit que l'ordonnance n'était pas si rigoureuse, que quelques peaux pour leur habillement ne faisaient pas un objet, pourvu seulement qu'ils s'abstinssent du lard, de l'huile, des fanons de baleine et d'autres productions importantes du pays, ce qui s'accorde aussi entièrement avec tout le préambule de l'ordonnance de 1758, qui en détermine assez le but.

Il est enfin prouvé, que de cinq peaux qui se sont trouvées dans la cabane du commandant Gerrit Gerritson Bol, l'une lui appartenait de droit, étant celle d'un chien-marin tué de son bord l'année précédente par un Groenlandais, à qui il l'avait ensuite donné, en s'en réservant seulement la peau laquelle celui-ci lui avait aussi fidèlement rapportée cette année, en y joignant une autre, par reconnaissance de son honnêteté à son égard, et que les trois autres lui ont de même été données par le même motif, pour le bien qu'il avait fait en différentes occasions à plusieurs de ces pauvres gens. Cela peut-il être appelé faire le commerce? Si c'en est un, c'est de bienfait, et celui-là ne fait-il pas trop d'honneur à l'humanité pour pouvoir être censé défendu par la loi, et être imputé à crime entre des sujets de puissances alliées et amies.

Les sentimens de l'équité si reconnue du roi ne me permettent pas de douter, que S. M. n'en juge pas autrement, ni les votres, Monsieur, que V. Exc. ne veuille bien interposer ses bons et puissans offices, pour obtenir de S. M., conformément à la réquisition de mes maîtres, les ordres nécessaires pour la prompte restitution de ces vaisseaux et de leur charge, ainsi que l'entière indemnisation des frais et dommages.

À Copenhague, le 26 Septembre 1776.

Bosc de la Calmette.

par cette raison, sur ce que les sentences qui les ont condamnés, soient annullées, que leurs frais et dommages leur soient bonifiés, et qu'il leur soit procuré une satisfaction convenable, étant notoire qu'on ne peut concilier avec le droit de nature et des gens, que des vaisseaux d'autres puissances, naviguant ou pêchant dans des eaux de la compagnie royale de Groenlande, soient confisqués en vertu de quelque octroi ou ordonnance du roi en leur faveur, comme l'ont été ceux-ci; de représenter, qu'après la confiscation de ces vaisseaux, une simple restitution sans indemnisation, peut d'autant moins rassurer pour l'avenir, que LL. HH. PP., à qui l'ordonnance de 1758 n'a jamais été communiquée ministériellement, mais qu'elles jugent bien être contenue dans la dernière de 1776, ont pu (ces ordonnances ne s'exprimant pas bien clairement) croire jusqu'à présent, qu'elle n'avait pour objet, que le commerce défendu en Groenlande, et les violences ou l'excès dont les nations étrangères pourraient s'y rendre coupables. Il semble, après ce qui vient de se passer, que ces sentences déterminent le sens et le vrai but de ces ordonnances qui, par les conséquences qui en résultent nécessairement, ne tendraient pas à moins qu'à interdire à toute autre nation qu'à la nation danoise, non seulement tout commerce en Groenlande, ce qui pourrait se comprendre, mais aussi la pêche, et même la navigation dans ces mers là; puisqu'interdire une chose, ou y apporter des obstacles qui la rendent impraticable, revient absolument au même. Et en effet, qui voudraient mettre son vaisseau, ses équipages, sa cargaison à la merci du premier matelot avide et malhonnête, de qui il dépendrait toujours, en bravant les défenses les plus expresses de ses officiers, et faisant à leur insçu quelque commerce clandestin même de la moindre valeur, d'exposer le vaisseau à être pris et confisqué; qu'ainsi il serait nécessaire d'une preuve plus convaincante, que les ordonnances du roi n'autorisent pas de

en possession d'user de ce droit sur les côtes de Groenlande, dans le détroit de Davis, et nommément aussi dans la baye de Disco.

À Copenhague, le 17 Janvier 1777.

BOSC DE LA CALMETTE.

No. III.

Réponse du comte de Bernstorff à la note précédente; du 4 Avril 1777.

Le roi mon maître s'étant fait rendre un compte détaillé du contenu du mémoire remis en date du 17 Janv. de cette année par M. de la Calmette, envoyé extraordinaire de LL. HH. PP. m'a ordonné d'y répondre:

Que S. M. y reconnaisssait avec une satisfaction particulière, que LL. HH. PP. avaient rendu justice à ses sentimens pour la république, et à la preuve qu'elle lui en avait donnée, en ordonnant la levée de l'arrêt sur les vaisseaux hollandais arrêtés sur les côtes de Groenlande; qu'elle était également persuadée, qu'on reconnaîtrait qu'il ne lui est point possible d'aller plus loin, ni d'admettre la demande des propriétaires desdits vaisseaux, tendant à une satisfaction qui ne saurait avoir lieu dans un cas pareil à celui-ci, lorsqu'il existe une confiscation fondée sur une sentence entièrement légale.

Ce sera toujours avec un regret sensible que S. M. se déterminera à des mesures nécessaires pour empêcher un commerce prohibé avec ses états septentrionaux, mais que les sujets de la république continuent de faire malgré les défenses publiées à cet égard en Hollande, dont l'observation exacte préviendrait toute discussion et tout désagrément réciproque.

Elle attend de l'amitié de LL. HH. PP. qu'elles n'omettront rien de ce qui pourra contribuer à leur manutention, s'engageant de son côté à concourir avec l'équité et la modération la plus entière, soutenue de

CAUSE CINQUIÈME.

Différends survenus dans les années 1777 *à* 1785, *entre la république de Venise et celle de Hollande, au sujet des plaintes portées par des négocians d'Amsterdam, contre M. Cavalli, ministre vénitien près la cour de Naples* (1).

Un jeune Albanais né à Budoa, de la domination vénitienne, qui à Vienne, avait pris le nom de comte Castriotto, et à Berlin, celui de comte Chiud-Zannowich, se disant issu de la famille de Castriotto-Scanderbec, vint en 1772 se présenter sous le dernier nom, chez MM. Chomel et Jordan, banquiers à Amsterdam, muni d'une lettre de récommandation de MM. Grenier Arles et compagnie, négocians à Lyon, leurs correspondans.

(1) Cette affaire qui n'était dans son origine qu'une affaire de particulier à particulier, devint une affaire de gouvernement, lorsque les États-Généraux déclarèrent qu'ils la prenaient sur eux, disant, que les loix qui lient le souverain et le sujet ne leur permettaient pas d'abandonner des sujets si cruellement lésés.

Arrivé à Naples, Zannowich ne tarda pas à s'insinuer dans les bonnes grâces de M. Cavalli, ministre résident de Venise à cette cour. Il lui présenta sous le nom de Péovite, un individu qui, déscendant, comme il disait, d'une riche maison de commerce de la Dalmatie, était à même d'ouvrir une nouvelle branche de commerce très-avantageuse à la république de Venise avec la Hollande, si par la protection de M. de Cavalli, il pouvait entrer en correspondance avec une maison de commerce d'Amsterdam. Zannowich ne manqua pas de proposer au ministre la maison de MM. Chomel et Jordan, auxquels M. Cavalli écrivit en 1774, „*qu'en qualité de ministre de Venise, il* „*se trouvait obligé de leur recommander le S. Nicolo Péovite, sujet vénitien, qui faisait un grand* „*commerce de produits de la Dalmatie, où il appartenait à une famille accréditée; qu'il méritait* „*toute confiance etc.*" Dans une seconde lettre que ce ministre écrivit à ces banquiers, et par laquelle il confirma ce qu'il leur avait mandé précédemment au sujet du S. Péovite, il ajouta „*qu'il* „*connaissait particulièrement la personne et la* „*famille de Péovite.*"

Sur ces recommandations, MM. Chomel et Jordan entrèrent en affaires avec Nicolo Péovite, qui se chargea d'acquitter les dettes du comte Zannowich. Ils lui firent remettre les diamans et d'autres marchandises déposées à Gênes, et laissant aussi entre ses mains la lettre de change de lord

réclamer des assureurs le paiement des 133,000 florins. Mais les assureurs parvinrent à se procurer les preuves juridiques de la non-existence de ce bâtiment.

MM. Chomel et Jordan chargèrent alors un de leurs correspondans à Venise de faire des recherches sur cette affaire et de poursuivre en justice ceux qui se seraient rendus coupables de quelque fraude. On leur répondit que l'imposture était manifeste, mais que des personnes considérables étant impliquées dans cette affaire, on ne saurait les poursuivre avec succès, à moins que le consul hollandais ne voulût y préter les mains, et qu'il y fût autorisé par les États-Généraux.

MM. Chomel et Jordan recoururent en conséquence à la protection de ceux-ci, qui leur firent délivrer le 11 Février 1777 une lettre de recommandation pour leur consul à Venise. Celui-ci cependant ayant pour les mêmes raisons qui avaient été alléguées par le correspondant de MM. Chomel et Jordan, refusé de faire les premières démarches auprès du gouvernement de Venise, les banquiers s'adressèrent de nouveau aux États-Généraux, qui alors le 26 Mai 1777, ordonnèrent à leur consul, vû que le ministre de la république de Venise se trouvait impliqué dans cette affaire, *d'agir en leur nom* auprès du gouvernement, de s'adresser directement au tribunal de la haute inquisition pour réclamer le paiement des avances faites par les banquiers d'Amsterdam, de demander satisfaction, non seulement de

mission, MM. Chomel et Jordan ne manquèrent pas de fournir toutes celles qui pouvaient donner quelques éclaircissemens. La procédure eut lieu à huis clos, et ce ne fut qu'à la cinquantième séance, tenue le 11 Avril 1778, qu'on publia une déclaration, en vertu de laquelle M. Cavalli, en sa qualité de ministre de la république fut entièrement absous. Les recherches contre les autres accusés furent encore poursuivies par cette commission pendant plusieurs mois, jusqu'à ce qu'enfin par arrêt du 30 Août, Princeslav, et Étienne Zannowich et un troisième, reconnus avoir été les auteurs de cette supercherie, furent condamnés à l'exil; le premier à perpétuité, le second pour dix ans. Il fut déclaré en même temps, que le bâtiment *Minerve* et la cargaison d'huile, n'avaient jamais existé, et que la maison de commerce Nicolo Péovite n'avait été qu'une fiction.

Les biens des Zannowich furent confisqués au profit de MM. Chomel et Jordan, mais ne suffirent nullement pour les indemniser des pertes qu'ils avaient essuyées.

P. Chomel qui à cette époque s'était déjà séparé de son compagnon Jordan, ne voulant point se désister de son recours sur M. Cavalli, pour être payé du restant de la dette, et prétendant que la procédure du conseil avait été irrégulière, sollicita de nouveau le 8 Décembre 1778, l'assistance des États-Généraux. Ceux-ci, d'après la résolution prise le 9 Février 1779, chargèrent leur consul à Venise, d'insister près du sénat pour

serait instruit et jugé par devant un tribunal civil de Venise.

Les États-Généraux, pour donner plus de poids aux nouvelles démarches qui leur restaient à faire auprès du gouvernement de la république, envoyèrent le 13 Juillet 1781, M. Tor en qualité de ministre résident à Venise.

Comme les affaires entre MM. Chomel et Jordan et M. Cavalli avaient été traitées à Amsterdam, M. Tor insista auprès du sénat pour que le procès fût instruit devant un tribunal civil de cette ville, laissant à M. Cavalli la faculté de donner caution, s'il ne voulait point y comparaître en personne. Cette demande ayant été refusée, les États-Généraux, sur une résolution prise le 24 Octobre 1781, ordonnèrent à leur ministre, de déclarer catégoriquement au sénat, que s'il se refusait encore de faire droit aux justes réclamations de leurs sujets *„ils se verraient obligés de rappeler* DE FACTO *leur „plénipotentiaire et d'user d'autres moyens pour „dedommager leur sujets maltraités.“*

La satisfaction demandée ne fut point donnée, et M. Tor eut ordre de quitter Venise sans prendre congé; ce qu'il fit le 13 Mai 1782. On en instruisit en même temps le comte de Degenfeldt ambassadeur de Hollande à Vienne, qui fut chargé de déclarer à M. Contarini, ministre de Venise à cette cour, que les États-Généraux étaient décidés à terminer cette affaire d'une manière sérieuse.

Cette déclaration engagea le sénat à solliciter

mens vénitiens et de ne leur point permettre le départ, mais d'en faire faire immédiatement la saisie, et de s'informer ensuite de la nature des chargemens de ceux qui sont chargés, pour constater jusqu'où ces chargemens appartiennent à la république de Venise, ainsi que de la valeur des navires et des effets qui y sont chargés, appartenans aux Vénitiens; d'en donner connaissance à LL. HH. PP.; et de faire prévenir en même temps sous main, les citoyens commerçans, pour éviter les représailles sur leurs navires et effets, de ne pas envoyer pour le présent, et jusquà nouvel avis, vers les états vénitiens des navires ou effets, et de rappeler autant que possible ceux qui seraient déjà en route : Que, pour garantir ultérieurement autant que possible les navires et effets des citoyens de la république contre tout ressentiment et contre les attaques imprevues des Vénitiens sous prétexte de représailles, S. A. M., le prince d'Orange sera requis d'enjoindre aux commandans des vaisseaux de guerre, qui sont déjà partis pour la Méditerranée, ou qui partiront encore pour s'y rendre, de prendre sous leur protection les bâtimens marchands des citoyens de la république qui naviguent dans cette mer :

Que de plus il sera ordonné aux négocians Chomel et Jordan, comme ils sont chargés par la présente, de fournir au plutôt à LL. HH. PP. un état de leurs créances et prétentions à la charge des sujets de la république de Venise; qu'après la réception de cet état et de ces informations il sera délibéré ultérieurement, s'il ne conviendrait pas d'autoriser les susdits négocians Chomel et Jordan, à s'indemniser de leurs prétentions légitimes, sous la taxation et modération des échevins d'Amsterdam, sur tous les effets appartenant aux Vénitiens qui seraient trouvés dans ce pays;

Qu'en attendant il sera fait communication de la présente résolution de LL. HH. PP. à M. le comte de

„se trouvaient actuellement dans les ports vénitiens, „quoique la dignité et l'honneur, non moins que „l'intérêt de ses sujets semblassent l'exiger; que le „sénat offrait au contraire, d'entrer en négociations „à Vienne, et de charger son ambassadeur de traiter „cette affaire avec le comte de Wassenaer; mais „qu'en revanche il espérait que la modération et „la manière loyale avec laquelle la république agis„sait en cette occasion, engagerait LL. HH. PP. à „révoquer l'ordre donné le 9 Janvier."

Ces propositions ayant été goûtées par les États-Généraux, ils donnèrent le 27 Février 1784, à leur Envoyé à Vienne, M. Wassenaer, les pleinspouvoirs nécessaires pour entrer en négociation, et suspendirent l'exécution de la résolution prise le 9 Janvier jusqu'à ce qu'ils fussent instruits du résultat de cette nouvelle négociation.

No. II.

Résolution des Etats-Généraux, du 27 Février 1784.
(Extrait.)

Il a été trouvé bon et arrêté, que, pour faire un essai si le sénat de Venise était plus disposé qu'autrefois à concourir sérieusement à un arrangement de la susdite affaire, les ordres donnés par la résolution de LL. HH. PP. du 9 Janvier dernier au sujet de la saisie des vaisseaux vénitiens et des arrangemens ultérieurs pris par la susdite résolution seront provisoirement, et jusqu'à ce que LL. HH. PP. soient informés du succès de la négociation entamée, suspendus et différés et qu'on adressera à cette fin les avis nécessaires aux collèges respectifs d'amirauté;

de M. Chomel, et que ce ministse l'eût envoyé de suite à son gouvernement, il se passa plusieurs mois, sans que le sénat jugeât à propos de faire une réponse quelconque; ce qui fit soupçonner aux États-Généraux que le gouvernement vénitien, vû les mésintelligences existantes à cette époque entre la république de Hollande et l'empereur d'Allemagne, avait essayé d'engager ce dernier, ou à conclure une alliance défensive avec la république de Venise, ou du moins à lui prêter son assistance dans cette circonstance. Mais cette tentative, si effectivement elle a été faite, n'ayant point eu de succès, et la négociation entamée à Vienne entre le comte de Wassenaer et le chevalier Foscarini, n'ayant point été continuée, la république de Venise ordonna en Octobre 1784, à M. Torniello, son ministre à Londres, de se rendre à la Haye, pour tenter de parvenir à un accommodement à l'amiable.

Les négociations entre ce ministre et les commissaires nommés à cet effet par les États-Généraux, comencèrent le 27 Octobre. Comme toutefois ces derniers insistèrent que l'affaire fût reprise dans l'état où elle avait été laissée à Venise, disant qu'il ne s'agissait que de prononcer sur l'indemnisation due aux banquiers Chomel et Jordan, sans qu'il fût nécessaire de faire de nouvelles recherches sur le point de droit, M. Torniello demanda un délai, pour se procurer de nouvelles instructions. Après avoir reçu la réponse de Venise, il présenta le 13 Décembre 1784, la note ci-après aux États-

se trouver, elle n'admettra jamais rien qui la constitue débitrice vis-à-vis des marchands hollandais : Elle proteste hautement contre toute prétention, qu'on voudrait former à sa charge sous le prétendu titre d'un déni de justice; cette supposition étant aussi injurieuse que fausse et démentie par une suite de faits incontestables.

Effectivement, la république a été si éloignée de refuser la justice aux Hollandais, qu'à peine eut-elle connaissance de la première demande de LL. HH. PP., elle ne différa pas un seul instant l'établissement d'un tribunal criminel extraordinaire et solemnel, rappelant de sa place de résident le S. Cavalli, pour l'y assujettir immédiatement. Il est connu que des quatre sujets vénitiens qui se trouvent impliqués dans le procès, trois furent condamnés aux peines les plus infamantes et à la confiscation de tous leurs biens au profit de Chomel et Jordan; et le S. Cavalli seul fut déclaré exempt de faute criminelle.

Il arriva que les biens des coupables ne furent point suffisans à l'indemnisation complette des sujets hollandais; et s'ils l'avaient été, l'affaire était d'abord terminée. C'est la raison pour laquelle on se plaignit de la sentence que ce tribunal avait portée, et on en demanda la révision, dans l'espérance d'en tirer un plus grand avantage, si Cavalli était condamné.

La république fit voir évidemment, que la révision était impraticable selon sa constitution; et les États-Généraux eux-mêmes en étaient convaincus lorsqu'ils demandèrent que, puisque le S. Cavalli ne pouvait plus être soumis à un procès criminel, il fût permis aux négocians d'Amsterdam de l'attaquer par la voie civile. Cela étant conforme aux loix, à la méthode et à ce qui se pratique dans les tribunaux de Venise, la république y consentit avec toute la promptitude, et offrit même de son propre chef de rendre la voie civile aussi facile et aussi courte que possible.

là toute contestation ultérieure entre les deux souverains soit terminée pour toujours.

La république ne doute pas que LL. HH. PP. n'acceptent avec plaisir une proposition si amicale et si juste : elle déclare néanmoins, que si LL. HH. PP. croyaient qu'il y eût un expédient plus satisfaisant pour elles, et d'une convenance réciproque, la république ne sera pas éloignée de le saisir, n'ayant rien plus à coeur que de consolider de plus en plus la bonne intelligence avec les Provinces-Unies.

Que si malgré tout cela, et contre toute attente raisonnable, LL. HH. PP. voulaient pousser cette dispute privée aux extremités dont elle n'est pas susceptible par sa nature, et qui seraient aussi nouvelles dans l'histoire des nations, qu'elles sont contraires aux intérêts de deux puissances commerçantes, et qui ont été constamment amies, la république de Venise se contentera de n'avoir laissé en arrière aucun moyen capable de conduire à un accommodement amiable et juste : et en tout cas, ce ne sera qu'à contre-coeur qu'elle se verra forcée à conformer ses propres démarches à celle d'autrui, pour le soutien d'une cause qui deviendra commune à tous les souverains.

Le résident ayant exposé jusqu'ici les vrais sentimens de sa république a l'honneur etc.

TORNIELLO.

Cette note resta sans réponse. M. Torniello peu de temps après étant entré en pour-parler avec M. de Tor, un des membres de la commission, qui lui avait fait une proposition d'accommodement, au moyen duquel, en satisfaisant les réclamations de MM. Chomel et Jordan, l'affaire serait définitivement terminée, et auquel les

et de plus d'appeler à leur aide (comme *manus ministra*) le S. de Tor, comme ayant déjà été employé dans cette affaire, et ensuite de faire rapport de leur négociation à la commission.

Qu'en conséquence de ceci, eux les Sgrs députés étaient entrés le lendemain en conférence avec le S. Torniello, lequel leur avait fait une déclaration verbale, qui fait voir que l'intention du susdit S. résident est d'examiner cette affaire *de novo* et de contribuer ensuite à faire des propositions équitables d'accommodement à la satisfaction réciproque; que là-dessus et en conséquence de ce qui a été résolu le jour précédent, il a été poliment représenté par le premier des Sgrs députés de LL. HH. PP. audit résident : que l'affaire devait être reprise dans les termes où elle est demeurée à Vienne, et que par conséquent il s'agissait simplement de déterminer la somme du dédommagement qui doit être accordé et donné auxdits négocians Chomel et Jordan.

Que le S. Torniello déclarant n'avoir point d'instruction à cet égard, a demandé un délai de tout au plus deux mois, pour pouvoir en écrire à Venise, et recevoir la réponse; sur quoi cette première conférence avec le susdit résident a été terminée.

Que le 22 Décembre dernier, le premier des Sgrs députés de LL. HH. PP. a communiqué à la commission un mémoire remis par le S. Torniello à l'*amanuensis* Tor, conçu en langue italienne et traduit par celui-ci en français, destiné à exposer les sentimens de la république de Venise sur la manière de laquelle l'affaire de Chomel et Jordan pourrait être terminée.

Que le S. Tor ayant parlé au long a différentes époques avec le S. résident et avec l'ami de celui-ci, le S. Battaglia, et ceux-ci ayant à la suite de ces entretiens, proposé au S. Tor, un expédient par lequel, sans porter atteinte à l'honneur et à la dignité de la république de Venise, les négocians Chomel et Jordan seraient

Que de plus, Sa Hautesse devrait être requise de donner connaissance de cette résolution de LL. HH. PP. aux officiers commandant les vaisseaux de l'état dans la Méditerranée, afin qu'ils fassent avertir les navires marchands de la république, d'être sur leurs gardes, et afin qu'ils leur accordent la protection nécessaire, sans encore pour le présent et jusqu'à nouvel ordre, commettre quelques hostilités contre les Vénitiens; comme aussi il serait nécessaire de s'adresser aux collèges respectifs d'amirauté, pour donner à cet égard les avertissemens nécessaires; et qu'enfin il devrait être donné directement connaissance de tout ceci aux Sgrs Lestevenon van Berkenroode et Branzen, ambassadeurs ordinaire et extraordinaire à la cour de France, pour en faire part au comte de Vergennes, et pour faire voir avec quelle facilité LL. HH. PP. se sont conduites dans toute cette affaire, et combien peu on y a répondu de la part de la république de Venise.

Sur quoi ayant été délibéré, les Sgrs députés des provinces de Gueldre, de Hollande et de Westfrise se sont conformés au rapport ci-dessus, et ceux des provinces de Zeelande, de Frise et de la ville de Groeningue et des Ommelandes, en ont pris copie pour en communiquer plus au long avec les leurs.

Les Sgrs députés des provinces d'Utrecht et d'Overyssel ont promis de s'en expliquer ultérieurement.

Les Sgrs députés des provinces de Hollande et de Westfrise ont insisté sur une prompte conclusion et sur ce que cette affaire soit terminée.

Cette résolution, ainsi qu'un article inséré dans la gazette de Leyde (du 15 Mars), qui accusa le ministre de Venise, d'avoir retiré la parole qu'il avait donnée aux États-Généraux, engagèrent M. Torniello à adresser la note ci-après à ces derniers.

atténuer les dispositions sincères et constantes de la république, exprimées plus au long dans la lettre ministérielle de celle-ci, tendant à embrasser toutes les voies qu'un souverain puisse prendre pour parvenir à une réconciliation amicale, et à une satisfaction réciproque, dont le ministre soussigné a l'honneur de renouveler par la présente les assurances les plus sincères et les plus formelles.

À la Haye, le 11 Avril 1785.

TORNIELLO.

M. Torniello après être resté près d'un an à la Haye, sans avoir pu réussir à accommoder ce différend, reçut en Octobre 1785, l'ordre de son gouvernement de retourner en Angleterre. Avant son départ, il se rendit chez le président de semaine, pour lui remettre le mémoire de congé suivant.

No. VI.

Mémoire de congé, remis par M. Torniello aux États-Généraux; en Octobre 1785.

Hauts et Puissans Seigneurs,

Par la communication faite de la part du consul de LL. HH. PP. au bailli de Venise à Constantinople, il est parvenu à la connaissance de la république de Venise, que la frégate hollandaise commandée par le capitaine van Kinsbergen, laquelle a quitté depuis peu Smyrne, ayant offert de prendre sous son convoi les pavillons des puissances amies, pour les protéger contre les dangers à redouter dans l'Archipel, a bien voulu prendre effectivement sous son convoi, deux navires vénitiens et les garantir de tous sinistres événemens. Ce procédé amical a été considéré par la sérénissime république avec toute la sensibilité et satisfaction due à cette nouvelle

immédiats, pour obtenir l'exécution de la résolution du 9 Janv. 1784, qui prononçait l'embargo à mettre sur les vaisseaux vénitiens dans les ports de la Hollande; l'affaire en resta là, sans que même dans la suite on soit parvenu à la terminer (1).

(1) Les journaux de ce temps rapportent, qu'à l'occasion des discussions qui s'élevèrent entre l'empereur d'Allemagne et la république de Hollande, au sujet de l'ouverture de l'Escaut, l'imposteur Étienne Zannowich, sous le nom de Castriotto, proposa aux États-Généraux la levée d'un corps de Monténégrins; que cette offre fut acceptée par eux, mais que les hostilités n'ayant point eu de suite, il avait eu l'impudence de venir à la Haye, demander un dédommagement des fraix que lui avait occasionnés cette entreprise; qu'arrivé à Amsterdam, il fut reconnu et trainé en prison, où il se suicida peu de temps après.

„que c'était en représailles de la mort d'un homme „tué par une sentinelle lorsqu'il tentait de s'échap- „per après avoir été fait prisonnier."

Les habitans de cette partie du pays où cette exécution avait eu lieu, ayant envoyé une députation au général Washington, commandant en chef l'armée américaine, avec les preuves complètes qui attestaient cet acte de violence, ce général écrivit la lettre suivante au commandant en chef de l'armée anglaise, Sir Henry Clinton, pour lui demander l'extradition du capitaine Lippincoote, afin de pouvoir le faire punir comme assassin.

N°. I.

Lettre du général Washington, adressée à Sir Henry Clinton, commandant en chef l'armée royale-anglaise; du 21 *Avril* 1782. (Traduit de l'anglais.)

Au quartier-général, le 21 Avril 1782.

Monsieur, les représentations ci-incluses de la part des habitans du comté de Monmouth, avec les attestations du fait (qui peuvent être corroborées par d'autres preuves indubitables) mettront sous les yeux de V. Exc. le meurtre le plus téméraire, le plus cruel, et le plus hors d'exemple, qui ait jamais terni les armes d'une nation civilisée. Je n'importunerai point V. Exc. (parceque je le crois peu nécessaire) par des réflexions sur le fait en question. La franchise m'oblige à parler rondement. Pour sauver l'innocent, je demande le coupable. Le capitaine Lippincoote, ou l'officier qui a commandé à l'exécution du capitaine Huddy, doit donc être livré; ou, si cet officier était d'un rang inférieur à ce dernier, il faut livrer tel nombre des coupables,

sauraient jamais être sanctionés par mon approbation. Mes sentimens personnels n'exigent donc aucun aiguillon de cette espèce, pour m'exciter à prendre toute la connaissance due de l'outrage barbare (que vous m'avez représentée), dès le premier moment qu'il est parvenu à ma connaissance. Et en conséquence, d'abord que j'ai entendu parler de la mort du capitaine Huddy, (ce qui n'a été que quatre jours avant la réception de votre lettre) j'ai ordonné à l'instant, qu'il en fût fait une recherche exacte dans toutes ses circonstances; et j'en soumettrai les coupables à un jugement immédiat.

Sacrifier l'innocence dans l'idée de prévenir par-là le crime, ce n'est pas supprimer la barbarie; c'est l'adopter, c'est la porter à son plus haut comble; tandis que, si les violateurs des loix de la guerre sont punis par les généraux, sous l'autorité desquels ils agissent, les horreurs que ces loix ont pour but de prévenir, pourront s'éviter, et l'on pourra maintenir tout degré d'humanité dont la guerre est susceptible. Si des atteintes portées à l'humanité pouvaient se justifier par l'exemple, l'on pourrait en citer plusieurs commises dans les contrées où votre pouvoir a le dessus; atteintes, qui surpassent celle dont vous vous plaignez, et qui y ont probablement donné occasion. Dans l'espoir que vous agréerez la façon de procéder que j'ai dessein de suivre, et qu'elle préviendra toutes énormités pour l'avenir, je suis toujours etc.

HENRY CLINTON.

Le général Clinton ordonna effectivement la tenue d'un conseil de guerre pour juger et prononcer sur la conduite du capitaine Lippincoote; mais indépendamment que ces procédures, après avoir duré plusieurs mois, n'eurent aucun résultat, la commission nommée à cet effet, fut même dis-

Pour juger la personne dont vous vous plaignez, et tous ses complices dans la mort du capitaine Huddy, il a été établi un conseil de guerre par Sir Henry Clinton, qui avait pris des mesures à cet effet déjà avant d'avoir reçu de lettre de votre part sur cette affaire. Les papiers ci-joints vous fourniront l'occasion de venger pareillement de votre côté les droits de l'humanité, et de punir la flétrissure causée à votre commandement par les auteurs de ces cruautés. J'apprends que les sieurs Hatfield et Badgely, quoique sous la garantie d'un pavillon parlementaire, ont été faits prisonniers *à Elisabeth-Town*, où ils se trouvaient, en vertu des ordres de votre commissaire des prisonniers, sous des prétextes qui ne sauraient se justifier. Pour première preuve que vous acceptiez ma proposition de nous réunir à empêcher toute atteinte portée aux règles de la guerre, je vous prie de vouloir bien ordonner que ces gens soient renvoyés à l'île des États. J'aurai le plus promptement égard à toute réquisition que vous me ferez, fondée sur ce principe.

J'ai l'honneur d'être etc.

James Robertson.

Peu satisfait du contenu de cette lettre, et moins encore de ce que les coupables avaient été mis hors de cour, le général Washington, considérant ce procédé comme un déni de justice formel, fit la réponse suivante.

N°. IV.

Réponse du général Washington à la lettre précédente; du* 5 *Mai 1782. (Traduit de l'anglais.)

Au quartier-général, le 5 Mai 1782.

Monsieur, j'ai eu l'honneur de recevoir votre lettre en date du 1 du courant. V. Exc. est informée de la détermination exprimée dans ma lettre du 21 Avril à

Effectivement, lorsqu'avec l'assistance des troupes françaises, le général Washington parvint à s'emparer de *York-Town,* qui se rendit à lui par capitulation, il fit tirer au sort tous les officiers prisonniers de la garnison du rang de capitaine, pour faire pendre celui d'entre eux que le sort aurait marqué, par voie de représailles. Le sort tomba sur le capitaine Asgill, du régiment des gardes, à peine agé de vingt ans et fils unique de Sir James Asgill, baronnet et l'un des premiers banquiers de Londres.

Quand la mère de cet infortuné jeune homme apprit cette triste nouvelle, elle prit la résolution de s'adresser au comte de Vergennes, ministre de Louis XVI, pour solliciter en faveur de son fils, son intercession auprès du général Washington.

N°. V.

Lettre de lady Asgill, adressée au comte de Vergennes, ministre des affaires étrangères de S. M. Très-Chrétienne; du 18 *Juillet* 1782.

Si la politesse de la cour de France permet qu'un étranger s'adresse à elle, il ne saurait y avoir de doute, qu'une prière capable d'intéresser tous les tendres sentimens d'un individu, éprouvera une réception favorable de la part d'un seigneur, dont le caractère fait honneur non seulement à sa propre patrie mais aussi à la nature humaine. Le sujet, monsieur, à l'égard duquel j'ose implorer votre secours, me perce trop profondément le coeur pour que j'y insiste, et très-probablement les rapports publics vous en ont déjà informé. La tâche pénible est

pour l'expédier d'ici. Je sens toute la liberté que je prends en vous faisant cette prière; mais je sens aussi que, soit que vous l'accordiez ou non, vous aurez pitié de la profonde douleur qui me la suggère. Votre humanité laissera couler une larme sur la faute, et elle l'effacera. Je fais des voeux au ciel pour qu'il vous accorde la grâce de n'avoir jamais besoin de la consolation qu'il est en votre pouvoir d'accorder à

Londres, le 18 Juillet 1782.

ASGILL.

Le comte de Vergennes, après avoir mis cette lettre sous les yeux du roi et de la reine, écrivit avec l'approbation de LL. MM., la lettre suivante au général Washington.

N°. VI.

Lettre du comte de Vergennes, adressée au général Washington; du 29 *Juillet* 1782.

Monsieur, ce n'est pas comme ministre d'un roi, l'ami et l'allié des États-Unis, quoique du sçu et avec l'aveu de S. M., que j'ai aujourd'hui l'honneur d'écrire à V. Exc. C'est comme un homme qui a de la sensibilité, comme un père tendre qui sent toute la force de l'amour paternel, que je prends la liberté d'adresser à V. Exc. mes pressantes sollicitations en faveur d'une mère et d'une famille en pleurs. Sa situation me paraît mériter d'autant plus d'égards de notre part, que c'est à l'humanité d'une nation en guerre avec la sienne, qu'elle a recours pour obtenir ce qu'elle aurait dû recevoir de la justice impartiale de ses propres généraux.

J'ai l'honneur d'envoyer ci-incluse à V. Exc. copie d'une lettre que Lady Asgill vient de m'écrire. Je ne lui suis point connu, et je ne savais pas que son fils

vous vous plaignez, d'une manière aussi exemplaire qu'il aurait convenu, il y a lieu de croire, qu'il prendra les mesures les plus efficaces pour qu'il ne s'en commette de pareils à l'avenir.

Je souhaite sincèrement, Monsieur, que mon intercession puisse avoir du succès. Le sentiment qui le dicte, et que vous n'avez cessé de manifester dans toutes les occasions m'assure que vous ne serez pas indifférent aux prières ni aux pleurs d'une famille qui a recours à votre clémence par mon organe. C'est rendre hommage à votre vertu que de l'implorer.

J'ai l'honneur d'être avec la considération la plus parfaite etc.

Versailles, le 29 Juillet 1782.

DE VERGENNES.

Le congrès ayant nommé une commission chargée de l'examen de cette affaire, prit, sur le rapport qui lui fut fait, la résolution suivante.

No. VII.

Résolution prise par le gouvernement des États-Unis d'Amérique. (Traduit de l'anglais.)

De par les États-Unis assemblés en congrès, le 7 Novembre 1782.

Sur le rapport du comité auquel avait été renvoyé l'examen d'une lettre du commandant en chef, en date du 19 Août, ensemble le rapport d'un comité établi à ce sujet, et d'une motion de MM. Williamson et Rutledge, y relative; deplus, une autre lettre du commandant en chef, en date du 25 Octobre, avec copie d'une lettre du comte de Vergennes, en date du 29 Juillet dernier, par laquelle il intercède en faveur du capitaine Asgill; il a été résolu, „que le commandant en

par des motifs sanguinaires, mais par ce que je crois être un sentiment de mon devoir, qui m'appelait hautement à prendre des mesures, quelque fâcheuses qu'elles fussent, pour empêcher la repétition des excès énormes qui ont fait l'objet de la discussion; et que cette fin paraisse devoir se remplir sans répandre le sang d'une personne innocente, ce n'est pas pour vous un plus grand sujet de joie que pour celui qui a l'honneur d'être etc.

G. WASHINGTON.

---

capitaine Herbst apperçut en y entrant, une escadre espagnole de douze vaisseaux de différentes forces, qui l'environnait. Deux vaisseaux de ligne, une frégate et un chebec montrèrent leur pavillon et lui tirèrent un coup de canon; surquoi la corvette mit en panne.

Ces quatre vaisseaux ayant entouré *le St. Jean*, le brigadier espagnol Solafranca, envoya un officier à bord de la corvette, pour connaître d'où elle venait et pour où elle était destinée, et avec ordre de se faire montrer les papiers du capitaine. Celui-ci lui fit répondre „qu'il venait de Copenhague, qu'il „allait à la Méditerranée, et qu'étant *armé en guerre* „il n'avait point d'autres papiers à bord que ses or- „dres.“ L'officier espagnol revint immédiatement après avec un nouvel ordre de son commandant, portant, que le capitaine danois avait à se rendre lui-même avec ses papiers à bord du vaisseau espagnol, vû que le commandant voulait faire visiter la corvette. Le capitaine Herbst répondit, „qu'il „n'abandonnerait point son vaisseau sans y être „obligé par la force“ et assura de nouveau qu'il n'avait point d'autres papiers que ses ordres.

Le lieutenant de la corvette danoise Conradt, qui fut envoyé par le capitaine pour s'expliquer avec le commandant, revint bientôt avec un officier espagnol, qui déclara de nouveau au capitaine, que son commandant insistait positivement à visiter son bâtiment, conformément aux ordres particuliers qu'il avait reçus à l'égard de ce bâtiment, qui,

„vuidé son artillerie à l'honneur du pavillon royal „qu'il portait."

Peu satisfait de cette déclaration, le commandant espagnol fit signifier au capitaine Herbst, qu'il le coulerait bas s'il tirait un seul coup de fusil; que l'amitié subsistante entre les deux cours il ne pouvait point accepter l'offre qu'il lui avait faite de lui envoyer son épée; mais que s'il voulait le suivre à Cadix on y procéderait à la reconnaissance de ses ordres en présence du consul de Danemark et du commandant en chef de l'escadre espagnole; ajoutant, que si ses ordres se trouvaient en règle, il serait libre de continuer sa route.

La supériorité des forces espagnoles, non moins que la promesse formelle du commandant, que le pavillon de S. M. Danoise serait respecté, déterminèrent le capitaine Herbst à céder, et à se rendre à cette dernière sommation. Il arriva avec sa corvette, conjointement avec les deux vaisseaux de guerre espagnols, à Cadix, le 1 Mars, où on jeta d'abord l'ancre au-dehors de la baye.

Lorsque le lendemain au matin la corvette remonta la baye, une chaloupe, montée d'un détachement de soldats espagnols et d'un officier à leur tête, se présenta au capitaine Herbst et lui déclara qu'il avait ordre de passer avec sa troupe à son bord. Aussitôt le capitaine danois fit placer son équipage sur le pont de son vaisseau l'arme blanche à la main; ce qui engagea la chaloupe espagnole à se contenter à le suivre et à jetter l'ancre

„à Malthe, et de là à Marseille comme ses or-„dres originaux le constataient.“ Après ces informations, le commandant espagnol exigea qu'on lui donnât encore une note de tout le chargement; et le capitaine Herbst y déclara avoir, à bord dix-sept lastes de charbon de terre, cent tonneaux de poix, cent tonneaux de résine; deux mats, des cordages, du fer, des planches, dix caisses de poivre, des merrains, et trois cent quarante six tonneaux de poudre. Cette déclaration ayant été faite, le commandant espagnol se retira en promettant au capitaine Herbst, qu'il ne serait procédé à rien jusqu'à ce qu'il eût reçu de nouvel ordre de Madrid.

Ce ne fut que le lendemain 3 Mars, que le consul danois résidant à Cadix, obtint la permission de se rendre à bord du *St. Jean* : et dès le 4 il envoya un exprès au ministre de Danemark à Madrid, le comte de Reventlow, pour lui rendre compte de ce qui venait d'arriver, en lui transmettant à la fois le rapport circonstancié que le capitaine Herbst avait dressé à cet effet (1).

Aussitôt que le comte de Reventlow fut instruit de cet évènement, il se rendit de suite chez le comte Floridà-Blanca, secrétaire d'état de S. M. Catholique, pour lui faire des représentations à ce

(1) Nous croyons pouvoir nous dispenser de donner ici ce rapport, vû que l'exposé des faits que l'on vient de lire, renferme déjà les détails dont cet évènement fut accompagné.

de Danemark, et crut devoir consulter les puissances de la neutralité armée, avant que de prendre une détermination définitive à ce sujet. Il chargea en conséquence son ministre à la Haye, le chevalier de Liaño, et M. Normandez, son chargé d'affaire à la cour de St. Pétersbourg, de présenter une note à ce sujet, aux États-Généraux et au ministère de l'impératrice de Russie.

Voici celle que M. de Liaño remit aux États-Généraux (1).

N°. I.

Mémoire de M. de Liaño, ministre de S. M. Catholique à la Haye, présenté aux États-Généraux; le 27 Mai 1782.

Hauts et Puissans Seigneurs,

Des vaisseaux de guerre de S. M. Catholique ont conduit le mois de Février dernier, à Cadix, la frégate danoise nommée *le St. Jean*, commandée par le S. Herbst. Ayant reconnu que c'était un bâtiment marchand, quoiqu'il y eût deux officiers de la marine royale danoise; qu'il n'appartenait point à S. M. Danoise, quoiqu'il eût abusé de son pavillon; qu'il n'était pas suffisamment armé pour être vaisseau de guerre, comme on voulait le prétendre; qu'il portait des munitions de guerre, qui sont des effets de contrebande selon tous les traités, et nommément selon ceux auxquels l'art. 2. de la conven-

(1) La note remise par M. de Normandez au chancelier de l'empire, comte d'Ostermann, fut semblable à celle-ci. On trouvera sous le N. IV. la réponse que M. de Zinowiff, ministre de Russie à Madrid, eut ordre de remettre au comte Florida-Blanca à ce sujet.

munitions de guerre, d'après la déclaration qu'ils appartenaient à S. M. Danoise, et la promesse, qu'ils ne seraient pas portés aux ennemis de S. M.; mais comme on cherche à établir le nouveau principe *de regarder comme vaisseaux de guerre, tous ceux qui portent pavillon militaire,* qui, selon l'opinion de la cour de Danemark, est l'unique caractère indispensable, quand même ce serait des navires marchands qui ne seraient pas suffisamment armés, comme c'est le cas du susdit bâtiment *le St. Jean :* le roi catholique croit ne pas pouvoir ni devoir prendre une résolution positive et finale à ce sujet, avant que de connaître la façon de penser des souverains qui sont compris dans la confédération des neutres et des puissances maritimes, sur le nouveau principe, qui, par l'abus que tout vaisseau marchand en pourrait faire, rendrait nulles les précautions prises dans tous les traités relatives à l'exemption des vaisseaux de guerre de la visite et détention des autres.

Le roi m'ordonne en conséquence d'en faire part à LL. HH. PP., en y ajoutant que S. M., suivrait sans difficulté le nouveau système de considérer comme bâtiment royal de guerre, celui qui porterait pavillon militaire, qu'il soit ou non bâtiment marchand, et qu'il soit plus ou moins armé, si les puissances maritimes trouvent qu'il est juste de l'adopter; le roi dans ce cas là se reserverait seulement le droit de faire tels règlemens que S. M. jugerait convenables pour le commerce maritime des autres nations dans ses états, ports et mers, afin d'éviter des inconvéniens et des abus.

La Haye, le 27 Mai 1782.

LIAÑO COMTE DE SANAFE.

A cette même époque le comte de Reventlow eut ordre de sa cour, d'adresser la note circulaire ci-après, à tous les ambassadeurs et ministres des

licite; la propriété avérée d'un souverain, dont il déclare que le transport se fait pour son service immédiat, aurait-elle moins de droits et serait-elle sujette à des discussions plus difficiles à terminer?

Il est de plus nécessaire, de soumettre à la considération de la cour de ..... si le terme d'*ennemis* n'aurait pas besoin d'une limitation et d'une interprétation explicite et positive; et si des guerres de forme, qui, fondées peut-être dans des siècles reculés, ne subsistent plus que dans des déclarations vagues, et restent ainsi suspendues sans pacification formelle, par des raisons particulières de l'administration interne des puissances, qui maintiennent ces guerres apparentes et inactives, soit par ce que les principes et la forme de certaines perceptions, soit par ce que d'autres raisons politiques les font agir de cette manière (comme pourrait être la guerre perpétuelle entre l'Espagne et la Turquie) si une semblable guerre inactive, peut donner aux puissances qui la maintiennent, les mêmes prétentions qui résultent d'une guerre ouverte, et imposer aux nations neutres les obligations et les ménagemens qu'elles reconnaissent avoir vis-à-vis des puissances véritablement belligérantes?

Le ministère du roi d'Espagne insiste principalement sur ce „*que la corvette danoise était un bâtiment marchand, et ne se trouvait point véritablement armé en guerre*“, sans en avoir donné d'autres raisons que celles alléguées, qui se réduisent à l'usage antérieur de ce bâtiment et à sa forme de construction. Le ministère de S. M. Catholique n'a point cité les conventions entre les souverains, qui les obligent à telle ou telle manière d'équiper leurs vaisseaux, pour être véritablement armés en guerre. Et comme on ignore qu'il existe des règles semblables entre les puissances maritimes, on se contente d'opposer à ces assertions incertaines, la notion générale d'un véritable bâtiment marchand, qui

souverains des vues aussi incompatibles avec leur gloire, il faut convenir que des armemens semblables à celui de la corvette *le Saint-Jean*, qui se font par des ordres exprès d'un souverain pour son service effectif et immédiat, ne sont sujets à aucun inconvénient. Enfin, quant au cas présent, quelle que soit même la question de théorie, la déclaration du roi de Danemark, et les ordres produits par les officiers de la corvette ôtent tout doute quelconque sur la nature du bâtiment.

Aranjuez, le 6 Mai 1782.

Voici la résolution que prirent les États-Généraux dans leur séance du 16 Août 1782, sur le mémoire qui leur avait été présenté par l'envoyé d'Espagne. (*Voyez N°. I.*)

N°. III.

Extrait du regître des résolutions de LL. HH. PP. les Etats-Généraux des Provinces-Unies; du 16 *Août* 1782.

Ouï le rapport de MM. Brantsen et autres députés de LL. HH. PP. pour les affaires maritimes, lesquels en conséquence de la résolution du 27 Mai dernier, ont examiné un mémoire de M. le chevalier de Liaño, ministre plénipotentiaire de S. M. le roi d'Espagne, relativement à une frégate danoise nommée *le St. Jean*, qui dans le mois de Février passé avait été emmenée à Cadix par des vaisseaux de guerre espagnols, et que S. M. le roi de Danemark reclamait comme un vaisseau de guerre; ces députés ayant encore examiné, en conséquence de la résolution de LL. HH. PP. du 29 Mai, une lettre de M. le comte de Rechteren, leur envoyé extraordinaire à la cour d'Espagne, écrite d'Aranjuez le 9 du mois précédent, et accompagnée de copies et papiers qui lui avaient été remis par M. le comte de Reventlow, ministre de la cour de Copenhague auprès de celle

MM. de Liaño et de St. Saphorin, ministres des cours respectives d'Espagne et de Dancmark, tandis que pareil extrait sera envoyé à M. le comte de Rechteren, envoyé extraordinaire de LL. HH. PP. à la cour de Madrid, de même qu'à M. le comte de Rechteren de Burgbruiningen, envoyé extraordinaire à la cour de Copenhague, pour leur servir d'informations et pour en faire l'usage qu'ils jugeront convenable; et sera finalement remis extrait de la présente résolution à M. le prince de Gallitzin et M. de Marcoff, ministre de Russie près la république, pour leur servir d'informations et les prier de vouloir s'informer de l'intention de S. M. Impériale relativement à la différence qui caractérise le vaisseau de guerre et le vaisseau marchand, et cela pour pouvoir prévenir toute dispute, et établir ensuite, de concert avec les autres puissances, un principe fixe à cet égard.

Et sera envoyé extrait de cette même résolution, comme aussi de toutes les pièces qui y ont rapport, à M. de Wassenaer Starrenburg, ambassadeur extraordinaire et plénipotentiaire de LL. HH. PP. à la cour de Russie.

V. Kuffelaer.

S'accorde avec le susdit regître

Fagel.

La réponse que M. de Zinowieff, ministre de l'impératrice de Russie fut chargé d'adresser en cette même occasion au ministère de S. M. Catholique fut la suivante.

N°. IV.

Note de M. de Zinowieff, ministre de Russie à Madrid, adressée au ministère de S. M. Catholique (1).

S. M. Impériale de toutes les Russies, convaincue de l'équité qui règle dans toutes les occasions les dé-

(1) Cette note fut communiquée à M. de Wassenaer-Starrenburg,

partient, à porter pavillon militaire, doit être envisagé dès-lors comme un bâtiment armé en guerre.

2) Que ni la forme de ce bâtiment ni sa destination antérieure, ni le nombre d'individus qui en composent l'équipage, ne peuvent plus altérer en lui cette qualité inhérente, pourvu que l'officier commandant soit de la marine militaire.

3) Que tel ayant été le cas de la corvette *le St. Jean*, ainsi que la commission du capitaine, et ce qui plus est, la déclaration formelle de la cour de Copenhague l'ont démontré, cette dernière peut aussi appliquer à ce bâtiment, les mêmes principes, et revendiquer en sa faveur tous les drois et les prérogatives du pavillon militaire.

Le soussigné doit ajouter, que la conviction intime avec laquelle S. M. Impériale se sent affectée de ces vérités, ne lui laisse aucun doute que S. M. Catholique, en les appréciant de son côté de plus près, ne leur refusera pas la même évidence, d'autant plus, que les droits exclusifs du pavillon militaire sont tellement reconnus et avoués par les puissances maritimes, que les bâtimens marchands mêmes, qui se trouvent être sous sa protection sont exempts par là de toute visite quelconque, et que dans la contestation récente qui s'est élevée au mois de Septembre de l'année passée, entre l'Angleterre et la Suède, au sujet de six navires marchands de celle-ci qu'en dépit du convoi du vaisseau de guerre nommé *le Wasa*, la première en se fondant en cela sur un traité de commerce particulier avec l'autre, prétendait faire visiter dans une de ses rades, la cour de Londres a fini par laisser tomber la question (1).

(1) L'indécision de la question si importante et délicate, savoir: si la visite des bâtimens marchands naviguant sous convoi d'une puissance amie, peut avoir lieu, ou si dans ce cas, le vaisseau de

ayant point donné de résultat satisfaisant sur la manière dont elle a été terminée. Toutefois il est à présumer, d'après les démarches faites par le ministère espagnol, que l'on aura relâché la corvette danoise ainsi que sa cargaison, sans qu'il s'en suivrait pour cela que le roi d'Espagne eût reconnu le principe, mis en avant par l'impératrice de Russie et que les États-Généraux n'adoptèrent sans doute qu'avec des restrictions.

charges si onéreuses dictées à l'empereur par les puissances maritimes dépositaires des Pays-Bas, lors du traité de la Barrière, en 1715, qu'elles excitèrent le plus vif mécontentement chez les Flamands (1).

Le traité ne fut pas plutôt connu, que les états de Brabant et de Flandre représentèrent à l'empereur, par leurs députés, le préjudice énorme que son exécution causerait aux peuples des Pays-Bas, qu'il assujettissait en quelque sorte à leurs voisins les Hollandais. Ils protestèrent encore contre ce traité, comme enfreignant leurs libertés et leurs prérogatives, en engageant à la république le subside des Pays-Bas, comme si c'était un domaine

---

la monarchie espagnole fut partagée, et que les Pays-Bas furent mis entre les mains de l'Autriche, parceque cet arrangement fut jugé convenable au maintien de l'équilibre politique.

(1) L'art. 1er porte : Les États-Généraux remettront à S. M. Impériale toutes les provinces et villes des Pays-Bas, et dépendances, tant celles qui ont été possédées par le feu roi d'Espagne Charles II, que celles qui viennent d'être cedées par feu S. M. Très-Catholique, pour en jouir S. M. Impériale, ses successeurs et héritiers, en pleine et irrévocable souveraineté et propriété; savoir à l'égard des premières provinces, comme en a joui ou dû jouir feu le roi Charles II conformément au traité de Ryswik; et à l'égard des autres, aux conditions sous lesquelles ont été cédées auxdits États-Généraux par feu le roi Très-Catholique etc. (Dans l'art. 19me du traité de Rastadt, de 1714, conclu entre la France et l'Autriche, par lequel cette première céda les Pays-Bas à l'Autriche, il était dit : *sauf les conventions*, que l'empereur fera avec les États-Généraux des Provinces-Unies *touchant leur Barrière*, et la reddition des susdites places). Par l'art. 17me du traité de la Barrière, les limites de la Flandre furent fort étendues en faveur de la République.

Les différends qui s'étaient élevés à cette même époque entre l'Autriche et les Provinces-Unies, au sujet de l'établissement d'une compagnie de commerce à Ostende, pour les Indes-Orientales, furent accommodés par le traité de Vienne, le 16 Mars 1731, conclu entre l'Autriche et la Grande-Bretagne, auquel les États-Généraux accédèrent en 1732 (1), et par lequel les deux puissances maritimes se chargèrent par l'art. 2me de la garantie de la Sanction-Pragmatique (2). Il fut encore convenu

(1) L'art. 5me porte : S. M. Impériale et Catholique promet, et en vertu du présent article s'oblige, de faire cesser incessamment et *pour toujours tout* commerce et navigation aux Indes-Orientales *dans toute l'étendue* des Pays-Bas autrichiens, et dans tous les autres pays, qui du temps de Charles II, roi Catholique d'Espagne, étaient sous la domination d'Espagne, et que de bonne foi elle fera en sorte, que ni la compagnie d'Ostende, *ni aucune autre*, soit dans les Pays-Bas autrichens, soit dans les pays qui, comme l'on vient de dire, étaient sous la domination espagnole du temps de Charles II ci-devant roi Catholique, puisse *jamais* contrevenir ni indirectement à cette règle *établie à perpétuité*. V. *Mémoires de* Montgon *T. VIII. p.* 326—330. Rousset. *Recueil T. VI. p.* 13 et *p.* 442.

(2) L'art. 2me porte : En vertu du présent article (S. M. le roi de la Grande-Bretagne et les États-Généraux) se chargent de la *garantie générale* du susdit ordre de succession, et s'obligent de le soutenir toutes les fois, qu'il en sera besoin contre qui que ce soit, et par conséquent ils promettent de la manière la plus autentique que faire se peut de défendre, maintenir, et comme l'on dit, *garantir, de toutes leurs forces* et contre qui que ce soit, toutes fois qu'il en sera besoin, cet ordre de succession que S. M. Impériale a déclaré et établi par un acte solemnel le 19 Avril 1713, en forme de perpétuel, indivisible inséparable *Fidéi-commis* en faveur des aînés pour tous les héritiers de l'un et de l'autre sexe, de S. M. V. Rousset *Recueil T. IV. p.* 38.

latifs aux subsides et à la cession d'une partie de la Flandre par l'Autriche, n'eurent aucun résultat. Les plénipotentiaires en furent rappelés en 1753.

Après la paix d'Aix-la-Chapelle, les troupes hollandaises étant entrées de nouveau dans les places de la Barrière, presque tombées en ruine, les discussions entre les deux gouvernemens recommencèrent. Les choses toutefois en restèrent là jusqu'à ce qu'au retour de l'empereur Joseph II, d'un voyage qu'il avait fait dans les Pays-Bas et en Hollande (1), le gouvernement général de Bruxelles déclara aux plénipotentiaires de la république, que l'empereur ayant résolu de démolir la plupart des forteresses des Pays-Bas, avait ordonné de prévenir de ses intentions les États-Généraux, afin qu'ils pussent donner à leurs garnisons les ordres nécessaires. En vain les États-Généraux se reclamèrent-ils des traités; le prince de Kaunitz n'opposa à leurs prétentions que la volonté de son maître, et l'inutilité des places de barrière, depuis l'alliance entre la France et l'Autriche (2).

---

(1) Le voyage, dit M. Schoell dans son *histoire des traités de paix* *T.* IV *p.* 59 que ce prince, instruit et actif (Joseph II) fit en 1781 dans les Pays-Bas et delà en Hollande, lui fit faire des observations qui devinrent la cause de ses différends avec les États-Généraux. L'agriculture florissait, il est vrai, dans la Belgique, et l'industrie y était animée; mais l'empereur ne put voir sans le plus vif chagrin, qu'un des plus beaux fleuves du monde, fût fermé au commerce, et que la politique eût dépouillé ses sujets des avantages dont la nature avait voulu les gratifier.

(2) „L'empereur ne veut plus entendre parler des barrières; elles

Un soldat de la garnison hollandaise de Liefkenshoek, fut enterré le 17 Octobre, avec les honneurs militaires, dans le village de Doel, sur lequel l'Autriche prétendait avoir le droit de souveraineté. Non seulement un détachement de la garnison de Gand fut commandé pour déterrer le cadavre et le jeta en passant dans le fossé du fort de Liefkenshoek; mais un autre détachement de la garnison de Bruges, s'empara le 4 Novembre des forts hollandais de St. Donaes, St. Paul et St. Job et de plusieurs autres places et districts, renfermés dans les limites qui avaient été fixées par la convention de 1664, mais qui selon les traités de 1715 et 1718, se trouvaient placés en dehors des frontières de la Flandre.

Les États-Généraux s'étant plaints de ces violences, l'empereur leur fit répondre; *qu'il ne reconnaissait d'autres limites de la Flandre que celles dont on était convenu en* 1664, *et qu'il envisageait le règlement de* 1718, *comme étant sans force et sans vigueur.* Toutefois il proposa d'entrer en conférences avec eux pour terminer ces différends. Elles eurent lieu à Bruxelles.

Dès l'ouverture de ces conférences, le 4 Mai 1784, le comte de Belgiojoso, plénipotentiaire de l'empereur, présenta un mémoire intitulé : *Tableau sommaire des prétentions de l'empereur*, qu'il accompagna de la note suivante.

de conciliation entre deux états, qui de bonne foi ont résolu de s'entendre pour toujours, et de conduire la marche et la forme de négociation d'après ce que dictent le désir réciproque et les vues qui y ont donné lieu. Il est dans la confiance, que MM. les plénipotentiaires agiront de leur côté, dans le même esprit et d'après les mêmes principes; et il se félicitera avec eux, d'avoir pu concourir à donner à cette négociation une fin heureuse, en employant à cet effet, les seules voies qui soient faites pour réussir, et qui conviennent autant au bien et à l'intérêt de la République, qu'à la dignité et aux principes de S. M.

Pour ne pas différer de donner à MM. les plénipotentiaires de LL. HH. PP. connaissance des droits et prétentions que l'empereur réclame, son plénipotentiaire a l'honneur de leur remettre ci-joint un écrit, ayant pour titre : *Tableau sommaire*, et qui indique ces mêmes droits et prétentions. On se promet du côté de S. M., que la réponse, qui y sera faite, confirmera la confiance où elle est sur l'équité et la justice de LL. HH. PP.

Fait à Bruxelles, le 4 Mai 1784.

LOUIS COMTE DE BARBIANO DE BELGIOJOSO.

TABLEAU SOMMAIRE DES PRÉTENTIONS DE L'EMPEREUR.

Art. 1er. Conformément aux déclarations réitérées de feu l'Impératrice-Reine et de S. M. l'Empereur glorieusement régnant, les limites de la Flandre doivent rester sur le pied de la convention de l'an 1664, et si, par le laps du temps, elles se fussent déjà perdues ou qu'elles se perdissent encore, S. M. s'attend, que LL. HH. PP. nommeront des commissaires, pour rétablir, avec ceux qu'elle désignera à cet effet, le pied où elles doivent être en vertu de ladite convention, comme l'unique base que S. M. reconnaît.

dont ils sont en possession, restituent à l'abbaye de ce nom, les biens qu'ils possèdent sur ce territoire, et dont ils se sont emparés en contravention à l'art. 43me du traité de Munster.

Art. 8me. S. M. demande que les États-Généraux fassent cesser toute usurpation contre sa souveraineté évidente, à l'égard des terres de Koningsheim, Telogne ou Voelen, Grootlon, Heer et Keer, Hoppertingen, Moppertingen, Nederen, Paus, Russen ou Rutten, Sluysen, Sepperen, Falais, Argemeau et Hermaal, et que du côté de LL. HH. PP., l'on s'abstienne de toutes exactions soit sous le titre de subside ou autrement, qu'on s'est arrogé d'extorquer de ces districts, contre tout droit et équité, et au préjudice du droit et de la souveraineté de l'empereur.

Art. 9me. S. M. demande que les États-Généraux, remplissant les engagemens qu'ils ont pris par le traité du 30 Août 1673, lui rendent enfin la ville de Maestricht et le comté de Vroenhove avec toutes ses appartenances dans le pays d'Outre-Meuse, qu'ils retiennent injustement et contre la teneur du susdit traité.

Art. 10me. S. M. demande l'indemnité et la restitution des revenus, produits, fruits quelconques etc. que la République ou ses employés ont perçus sous quelque nom ou titre que ce puisse être, de tous les articles mentionnés dans ce détail.

Art. 11me. S. M. demande que les États-Généraux l'indemnisent, des préjudices immenses qu'elle a soufferts par le produit des droits d'entrée et de sortie, en maintenant durant une longue suite d'années (sur la foi de la promesse expresse d'un traité de commerce, donnée par la République, mais toujours éludée et nullement remplie) l'imposition de ces droits, sur un pied défavorable et préjudiciable à tous égards.

tretien de la garnison, sans que jusqu'ici il en ait reçu le paiement.

3) Les nommés Hannoust, Gabriel, d'Outrebande et Maneffe, ont livré, par ordre du gouverneur de Namur, pour le service de la garnison, pendant le siège de 1746, des lits avec ce qui y appartient, faisant ensemble une somme de fl. 37862—2; et jusqu'à présent ils n'en ont pas pu obtenir de paiement, quoique ces effets aient été taxés sur ce pied par les ôtages hollandais restés à Namur après la reddition de la place.

4) À Tournay l'on doit satisfaire la régence, pour tout le montant des dettes qui y ont été contractées de la part des États-Généraux, par le général de Dorth, durant le siège en 1745, faisant une somme de fl. 8224-7-1, et à différens particuliers de ce district fl. 14680. Ce général a passé dans la même année, pour cette dette une reconnaissance formelle de la part de LL. HH. PP.; mais toutes sollicitations pour en obtenir le paiement ont été infructueuses jusqu'à présent.

5) Les nommés Martin Robyns, Pierre Langord, Henri Heymann et N. Castro, ont fourni aux troupes de la République, en 1709, 1710, 1712 et 1715, des vivres et fourages pour la somme de fl. 263362—15, argent de Hollande, sans qu'ils en aient été payés jusqu'ici, quoiqu'il ait été dépêché par le conseil-d'état plusieurs ordonnances en leur faveur, notamment en 1721 et en 1729, et malgré leurs sollicitations continuelles.

Les États-Généraux répondirent à *ce tableau sommaire* par un mémoire où ils firent voir combien peu son contenu était fondé. Ils opposèrent aux prétentions de la cour de Vienne, celles que la République formait à sa charge; tel que les arrérages des subsides promis par le traité de la

N°. II.

Note de la cour de Vienne, remise par le comte de Belgiojoso, aux commissaires des Etats-Généraux; du 23 Août 1784. (Extrait.)

Que du moment qu'on avait commencé à traiter des affaires et des évènemens qui avaient donné lieu aux conférences entamées à Bruxelles, l'empereur, manifestant évidemment ses sentimens et son affection pour la république des Provinces-Unies, avait témoigné sans cesse son désir de trouver dans son inclination pour une conciliation, et dans la confiance, les moyens d'accommoder les différends, et d'établir sur une base inébranlable une amitié sincère et inviolable avec la République; que c'était dans cette disposition et dans cette confiance, qu'on avait conçu et remis à LL. HH. PP., par un mémoire du 4 Mai, le *tableau* des demandes et prétentions que l'empereur avait formées à la charge de la République; et qu'il serait d'autant plus superflu de rappeler à MM. les plénipotentiaires de LL. HH. PP., sous quel point de vue le plénipotentiaire de l'empereur leur avait représenté sans cesse, tant de bouche que par écrit, les sentimens favorables pour la République, qui ont animé S. M. dans cette conjoncture, puisque par leur mémoire du 27 Juillet, ils en ont appelé eux-mêmes aux assurances qui leur avaient été données au nom de S. M.;

Que LL. HH. PP. ayant pris dans leur réponse, le parti de contester les plus essentielles de ces demandes et de ces prétentions de l'empereur, l'on avait cru devoir développer la justice et le fondement des unes et des autres, comme il avait été fait par le mémoire remis le 18 du courant, à MM. les plénipotentiaires; qu'après avoir rempli ainsi ce qui était dû à la dignité de l'empereur, son plénipotentiaire ne différerait plus de communiquer à LL. HH. PP. le moyen, que la modé-

les conférences, selon l'équité et la convenance réciproque;

Que telles étaient les conditions auxquelles S. M. s'était déterminée, pour conclure d'abord un accommodement général avec la République; qu'elles contenaient *absolument sa dernière résolution*; et que d'après les vues que LL. HH. PP. avaient dans cette affaire, S. M. ne saurait douter qu'elles ne se hâtassent d'accepter ces conditions comme une marque particulière de sa bienveillance et de son affection pour la République; que dans cette attente l'empereur avait jugé à propos *de regarder dès à présent l'Escaut pour entièrement et absolument ouvert et libre*; qu'en conséquence S. M. avait résolu de rétablir la navigation sur cette rivière: et que c'était d'après les ordres de S. M., que le comte de Belgiojoso déclarait à MM. les plénipotentiaires de LL. HH. PP., „*que si l'on donnait du côté de la République la moindre offense au pavillon de l'empereur, S. M. le regarderait comme une déclaration de guerre et un acte formel d'hostilité.*"

Les États-Généraux ne se laissèrent point déconcerter par les menaces de l'empereur; déjà le 30 Août, ils prirent la résolution ci-après, que leurs plénipotentiaires remirent au comte de Belgiojoso, et ordonnèrent au vice-amiral Reynst, de prendre poste avec une escadre à l'embouchure de l'Escaut, pour empêcher tout passage de vaisseau impérial ou flamand.

No. III.

***Extrait des regîtres des résolutions des Etats-Généraux; du* 30 *Août* 1784.** (Extrait.)

Que LL. HH. PP., se reposant sur la sincérité de ces assurances, ne sauraient s'attendre, que la vraie

République, que *désormais l'on ferait cesser entièrement et pour toujours tout commerce et toute navigation, particulièrement des Pays-Bas autrichiens vers les Indes-Orientales*;

Qu'ainsi l'équité la plus évidente exige que, puisque la succession dans les états de la maison d'Autriche a été effectivement maintenue depuis, entre autres par cette République et à ses frais, la condition réciproque soit également remplie, de sorte qu'il faut attribuer uniquement aux égards que LL. HH. PP. ont témoignés en tant de cas, et qu'elles témoigneront volontiers et toujours, autant qu'il sera seulement possible, pour S. M. Impériale, qu'elles aient différé jusqu'ici leurs plaintes si fondées, que pendant les négociations actuelles sur tous les griefs et sur les prétentions de la cour de Bruxelles, et sans que dans ces négaciations il eût été question d'un seul mot relativement à cette navigation des Indes-Orientales, il ait été introduit dans le port d'Ostende, en violation de la lettre si claire et si expresse du susdit traité, cinq vaisseaux revenant des Indes-Orientales; et que même un de ces vaisseaux, qui avait été abattu de ses ancres et jeté dans un état dangereux devant les ports de la République, ait été aidé ici et pourvu du nécessaire, de façon que c'est à ces secours qu'il a dû presqu'uniquement son salut;

Qu'à ces causes, LL. HH. PP. espèrent aussi qu'on leur prendra en bien, qu'au lieu d'accepter les arrangemens qui viennent de leur être offerts, et qui ont certainement été présentés à S. M. Impériale sous un jour tout à fait différent, elles préfèrent d'examiner ultérieurement ce qui a été avancé dans le mémoire de la République, qui vient d'être remis récemment pour la justification des prétentions de Sadite M.; LL. HH. PP. protestant, que, pour autant que par cet examen elles pourraient être convaincues de l'équité d'aucune de ces prétentions, elles y condescendront d'abord, et que pour

dans un pareil cas, qui arriverait contre tout espoir, à quelque vue offensive de la part de LL. HH. PP., beaucoup moins qu'elle serait suivie de l'exercice d'hostilités, auxquelles l'on devrait d'abord répondre par le devoir de défense propre, tandis que par ce moyen l'on couperait actuellement toutes voies de conciliation, l'on ferait tort à la grandeur et à la générosité de S. M. Impériale, et l'on ternirait la splendeur de son règne glorieux;

Que de plus, il sera envoyé en même temps copie de la présente résolution de LL. HH. PP. à M. le comte de Wassenaer-Wassenaer, envoyé extraordinaire et plénipotentiaire de LL. HH. PP. à la cour de Vienne, pour lui servir d'information, ainsi qu'aux ambassadeurs de LL. HH. PP. à la cour de France, afin qu'ils continuent de solliciter avec toutes les instances possibles, et d'effectuer les bons offices de la susdite cour près S. M. Impériale.

Les États-Généraux, par la voie de leur ambassadeur à Paris, ayant fait communiquer au roi de France les nouvelles propositions de l'empereur, contenues dans la note du 23 Août, ainsi que leur réponse du 30; M. Bérenger, chargé-d'affaires de S. M. Très-Chrétienne à la Haye, eut ordre de leur adresser la note suivante.

N°. IV.

Note de M. Bérenger, chargé-d'affaires de France, adressée aux États-Généraux; du 8 Septembre 1784.

Le roi a reçu avec sensibilité la communication que les États-Généraux lui ont donnée du mémoire remis à Bruxelles aux plénipotentiaires hollandais, le 23 du mois dernier; et S. M. juge ne pouvoir mieux répondre

No. V.

Note du comte de Belgiojoso adressée aux plénipotentiaires hollandais; du 7 Septembre 1784.

Les propositions d'accommodement renfermées dans le mémoire remis aux plénipotentiaires de LL. HH. PP. en date du 23 Août, sont évidemment l'effet de la modération et du désintéressement de S. M. comme aussi de son affection pour la République. Elles sont si manifestement, et à tous les égards, favorables à la République qu'on devait s'attendre que les États-Généraux auraient saisi avec empressement ce moyen proposé par la générosité de l'empereur, et ne se seraient occupés qu'à en témoigner les sentimens naturels et convenables de reconnaissance. Mais ils ont préféré au contraire de prendre avec une précipitation sans exemple, et qui ne s'accorde pas avec ce qui dans toutes les autres occasions a été allégué par eux et par leurs ministres sur la forme de la constitution de la République, une résolution très-peu mesurée et qui, alléguant vaguement et sans probabilité d'un fondement réel, que la sûreté et l'indépendance de la République dependraient du 14me article du traité du 30 Janvier 1648, paraît même renfermer des doutes inconcevables sur l'étendue de la déclaration que renferme le mémoire du 23 Août, concernant la navigation sur l'Escaut, et en parle même comme d'un objet dont il n'aurait pas même été question jusqu'ici. Cet objet ne saurait être cependant et n'était sûrement pas nouveau pour les États-Généraux. La réplique remise le 8 Août, a exposé clairement le droit et le système de l'empereur à cet égard, et ce que ledit mémoire renferme en outre, n'est rien que le résultat de ce que le plénipotentiaire de S. M. a dit et témoigné aux plénipotentiaires de la République dans toutes les conférences et même lors de la première ouverture de la négociation actuelle.

Et vû toutes les circonstances, S. M., qui sait bien ce qu'elle doit à sa dignité et à la gloire de son gouvernement, comme aussi au bien-être de ses sujets, doit attendre que la sagesse, la justice et le bien-être de la République, en les pesant bien, l'emporteront sur le caprice de vains préjugés, auxquels seuls on croit devoir attribuer l'allégation de motifs incompatibles avec le bien-être de la République : et que LL. HH. PP. après les avoir mieux balancés et combinés ensemble, prêteront l'oreille à la persuasion et à la preuve du véritable bien de la République et qu'étant guidées par la prudence et la justice, elles agiront de manière à prévenir des évènemens qui seraient la suite d'une opposition dénuée d'argumens probables, et qui met au jour un système directement opposé à l'assurance des égards et des sentimens conciliatoires qu'elles ont si souvent témoignés; sentimens que S. M. de son côté a manifestés par les propositions renfermées dans le mémoire du 23 Août, même avec un désintéressement qui ne saurait manquer de lui attirer l'admiration de l'Europe entière.

Au reste, le plénipotentiaire de l'empereur ne fait point de difficulté de déclarer, que cependant on veut bien de la part de l'empereur accorder que, sauf ce que le mémoire renferme relativement à la navigation de l'Escaut et aux limites de Flandre, le reste des arrangemens y compris, soit négocié dans les dernières conférences de la présente négociation.

Fait à Bruxelles, le 7 Septembre 1784.

LOUIS C. DE BARBIANO DE BELGIOJOSO.

L'empereur qui espérait peut-être que d'après sa déclaration catégorique, savoir : „*qu'il „était décidé à regarder dès-lors l'Escaut comme „libre, et envisagerait toute offense faite à son*

Le jeudi 7 Octobre 1784, à une heure après-midi, nous avons commencé à lever notre ancre, laquelle étant à pic, par le grand vent qu'il faisait d'est-nord-est, est sauté avant que nos voiles fussent prêtes; ce qui nous à fait dériver vers la rive gauche de l'Escaut, de manière que nous avons été obligés de jeter l'ancre de nouveau pour ne pas échouer. Le vent continuant du même côté, il a été jugé impossible de faire route par cette marée descendante. À six heures du soir nous avons levé l'ancre, et fait voiles pour gagner la rive droite de l'Escaut, après avoir pris un ris dans chaque hunier. À onze heures du soir nous avons levé l'ancre et fait voiles jusque vis-à-vis le fort de Cruys-Schans, d'où l'on a crié „*Werda*," lorsque nous y mouillâmes; à quoi nous n'avons rien répondu. Il était alors une heure après-minuit.

Le vendredi 8 Octobre 1784, à six heures du matin, nous levâmes l'ancre et fîmes voiles dehors. Nous passâmes au quart avant sept heures vis-à-vis le fort Lillo, d'où l'on n'a rien dit, et n'y avons rien vu de remarquable. Un quart avant huit heures est venu un petit canot, ayant à bord un homme habillé de bleu à paremens rouges, accompagné de six autres hommes, lequel nous a demandé, où était le capitaine; surquoi le capitaine, qui était sur pont, lui a répondu : *C'est moi.* Le Hollandais lui a demandé alors *où il allait*; surquoi le capitaine lui répondit : *Nous venons d'Anvers, et nous allons à la mer.* Le Hollandais repartit : *Vous devez déclarer.* Le capitaine lui dit alors, „qu'il avait „ordre exprès de S. M. l'empereur et roi Joseph II de „ne s'arrêter ni faire aucune déclaration aux douanes „ou vaisseaux de la république des Provinces-Unies." Alors le canot s'éloigna de notre vaisseau et fit un signal. À huit heures du matin nous passâmes devant un brigantin à l'ancre, portant pavillon hollandais vis-à-vis de Saftinghen. Il nous tira de loin un coup de

phin, commandé par le capitaine Cupieres (Cuperus). Ils lui demandaient, „pourquoi il n'avait pas amené au premier coup de canon.“ Il leur répondit, *qu'il avait ordre exprès de S. M. l'Empereur et Roi de ne pas s'arrêter*, et leur montra le décret de S. M., qui leur fut expliqué en langue flamande. Le capitaine leur dit, *qu'ils pouvaient garder ce décret pour leur information* : Ils répondirent, *qu'ils l'acceptaient comme une politesse de notre part, mais que nous ne passerions pas outre, et que nous n'avions qu'à retourner sur nos pas* : Nous leur répondîmes, que *nous ne le pouvions pas*. Le capitaine van Isseghem leur demanda, „s'ils avaient à leur chaloupe des gens pour amarrer „son vaisseau“ : À quoi ils répondirent que *non*; *que leur intention n'était pas de nous prendre, mais de nous empêcher à coup de canon de passer outre.* Nous avons demandé à ces trois officiers, „si c'était par ordre exprès, que l'on avait tiré sur notre vaisseau“ : ils répondirent unanimément, que *c'était par ordre exprès*. Le capitaine van Isseghem leur reprocha, „qu'on avait tiré à mitraille sur notre vaisseau.“ L'un des officiers répondit, *qu'il n'en savait rien* : mais l'un d'entre eux convint, que *cela se pouvait*. Cette réponse a été entendue par le capitaine, le second et l'écrivain : ces trois officiers hollandais se sont retirés, disant *qu'ils allaient faire leur rapport*.

Comme l'endroit où nous avions été forcés de jeter l'ancre, se trouvait trop près de la côte de Flandre, le pilote nous fit observer qu'il conviendrait, pour la sûreté du vaisseau, d'ancrer plus au large. En conséquence l'on envoya le second avec le canot avertir le brigantin hollandais, que nous allions changer de place. On lui répondit, „que nous pouvions ancrer où nous „voulions, pourvu que nous ne dépassassions pas le brigantin, ou que nous ne nous missions pas à son côté.“ Le brigantin hollandais nous a fait dire depuis, de

mirent notre vaisseau sur un banc de sable à la côte de Flandre à Saftinghen, où il demeura toute la nuit en grand danger d'être rompu : les officiers hollandais et leur équipage, consistant en dix hommes, sont restés constamment à notre bord et y sont encore aujourd'hui samedi 9 Octobre 1784, à onze heures du matin, notre vaisseau n'étant pas encore dégagé. La marée ayant monté, notre vaisseau fut mis à flot; et les Hollandais l'ont affourché à peu près dans le même endroit où nous avions été forcés par le brigantin à jeter l'ancre. Pendant l'après-midi des Hollandais ont changé et renouvellé le nombre qu'ils avaient à notre bord.

Vers les six heures du soir arriva un exprès, porteur des ordres du gouvernement-général des Pays-Bas, en conséquence desquels le capitaine van Isseghem s'adressa au premier-lieutenant de la frégate *le Pollux*, qui était sur notre bord, en lui demandant, „s'il persistait à empêcher que notre vaisseau ne fît voile vers „la mer.“ Ce lieutenant répondit, que *ses ordres n'étaient pas changés, et qu'il fallait s'adresser au capitaine de la frégate le Pollux*. Là-dessus le capitaine van Isseghem est allé à bord de la susdite frégate et a demandé, par ordre de S. M. l'Empereur et Roi, au capitaine de ladite frégate, „s'il voulait laisser passer „vers la mer notre vaisseau arrêté.“ Ce capitaine lui demanda, *s'il avait fait sa déclaration à Lillo*? Surquoi le capitaine van Isseghem lui répondit, „qu'il avait „ordre exprès de ne reconnaître aucune douane de la „République ni ses vaisseaux.“ Le capitaine de la frégate déclara alors, „qu'il ne pouvait pas laisser passer „notre vaisseau, et qu'il ferait rapport de cette demande „à ses maîtres.“ Nous nous préparâmes alors à quitter le vaisseau pour nous rendre à Bruxelles, selon les ordres reçus : Le capitaine van Isseghem chargea son second et l'écrivain, qu'il a laissé à bord avec tout l'équipage, de se conformer aux instructions reçues le même jour.

s'il devait se rendre à la mer? Il lui fut répondu affirmativement en lui montrant un papier : Surquoi on requit encore le bricg de s'arrêter, en lui donnant à connaître „que les ordres portaient de ne pas le laisser „passer"; ce qui ayant été répété quatre à cinq fois de suite avec menace, „que s'il persistait à refuser d'aborder, on „ferait feu sur lui," ledit bricg continuant dans son refus en répétant qu'il *devait se rendre à la mer*, on lui lâcha un coup de canon à boulet, en réitérant de nouveau l'ordre d'*amener, ou qu'on l'y obligerait*; ce qui ayant encore été refusé, le sous-signé lui a fait lâcher sa bordée; surquoi le bricg jeta l'ancre.

À bord du *cutter* de l'état susmentionné, étant à l'ancre devant Stock-Agte, le 8 Octobre 1784.

CUPERUS.

Dès que les États-Généraux furent instruits de cet évènement, ils prirent encore le même jour à onze heures du soir, la résolution suivante.

N°. VII.

Extrait du régître des résolutions de LL. HH. PP. les États-Généraux des Provinces-Unies; du 9 *Octobre* 1785. (Extrait.)

Il a été trouvé bon et arrêté, „qu'il sera envoyé au capitaine de Volbergen des instructions, pour qu'il ait à relâcher sur le champ pour cette fois-ci, le patron et le brigantin, qui avait passé outre venant d'Anvers, quoique le bâtiment fût sujet à une procédure devant le collège de l'amirauté en Zeelande, comme ayant dépassé la garde à Lillo sans y avoir pris un passeport, et de retirer de dessus son bord la garde au cas qu'il y en eût été placé une, à condition que le patron retourne d'abord ou qu'autrement il s'engage par écrit, à ne point

l'importance qu'on attachait en ce pays à l'ouverture de l'Escaut, et avant que LL. HH. PP., par leurs résolutions des 30 Août et 24 Septembre derniers, eussent exposé à S. M. Impériale et à M. le comte de Belgiojoso, que les ordres qui avaient constamment subsisté en ce pays depuis la paix de Munster, pour tenir l'Escaut fermé, ne pouvaient nullement être révoqués ni mis hors d'effet, puisque LL. HH. PP. croiraient faire tort à la magnanimité naturelle de S. M. Impériale, si elles supposaient que S. M. voulût former à la charge de la République des prétentions qui ne seraient pas conformes à l'équité; que pour cette raison elles ne pouvaient attendre de sa part une telle demande de la libre navigation de l'Escaut, attendu que par le traité de Munster, le droit de tenir cette rivière fermée du côté de LL. HH. PP., avait été reconnu en même temps que l'indépendance de la République; que ni le roi Philippe IV, avec qui ce traité a été conclu, ni ses successeurs, n'ont jamais réclamé contre cette stipulation; que le roi Charles II, en particulier, n'a jamais possédé les Pays-Bas sur un autre pied : que par la grande alliance de 1701, il n'a pas été fait d'autre règlement à cet égard; que les susdites provinces ont été remises sur le même pied, en vertu du traité de la Barrière par LL. HH. PP. à l'empereur Charles VI, et possédées tant par lui que par ses augustes successeurs jusqu'à ce jour; que même aux conférences d'Anvers et de Bruxelles, où l'on a traité tout ce qui était litigieux par rapport aux Pays-Bas autrichiens, l'on n'a pas porté la moindre plainte sur ce que l'on tenait l'Escaut fermé, et que même il n'en est pas dit un seul mot dans le *tableau* remis le 4 Mai de cette année, et qui contient toutes les prétentions de S. M. Impériale à la charge de la République.“

„Qu'ainsi LL. HH. PP. doivent penser, que S. M. Impériale a considéré comme un objet de peu d'importance pour la République, si l'Escaut était ouvert ou fermé, et que pour cette raison elle propose l'ouver-

bon droit, et sans la moindre contestation, depuis la paix de Munster jusqu'en cette année; le même esprit s'était aussi manifesté par la réponse au *tableau des prétentions de S. M. Impériale*, ainsi qu'il consterait encore ultérieurement par ce qui serait remis dans peu à lui M. le comte de Belgiojoso, pour réfuter ce qui avait été avancé par son mémoire de réplique, remis le 23 Août, aux ministres de la République : Que la même façon de penser s'était encore manifestée avec la plus grande évidence dans ce qu'elles avaient déclaré par leur résolution du 30 Août dernier, portant en substance : „qu'à l'égard „de toutes les prétentions de S. M. Impériale, exposées „dans ce *tableau*, elles voulaient se prêter à tout ce „qui serait jugé équitable; que pour le surplus elles „montreraient toute la facilité possible; et qu'à l'égard „de ce qu'elles croiraient ne pouvoir pas concéder, elles „voulaient bien s'en rapporter au jugement des puis„sances neutres."

„Qu'après une telle déclaration LL. HH. PP. ne pouvaient attendre de la générosité connue de S. M. Impériale, qu'elle exigerait rien de plus de la part de cet état, qui avait trouvé précédemment et plus d'une fois son réfuge et de la protection près de sa maison, tandis que de son côté, la République avait épuisé, pour ainsi dire, toutes ses facultés au service de la même maison et à son agrandissement; beaucoup moins qu'on voudrait imposer à LL. HH. PP. un sacrifice, qui avec le temps entrainerait inévitablement la ruine de la République entière : Qu'au contraire elles s'assurent que S. M. Impériale, suivant sa sagesse connue, l'équité qui la distingue, et les bonnes intentions dont elle fait profession, voudra bien laisser LL. HH. PP. dans la possession tranquille du droit bien acquis de tenir l'Escaut fermé de leur côté, afin de prévenir dans la suite tout ce qui pourrait donner occasion à de la mésintelligence sur ce sujet : Que, dans cette persuasion et pour don-

le 15 Octobre, à l'embouchure de ce fleuve, devant Flessingue, par l'escadre du vice-amiral Reynst.

Dès que l'empereur fut instruit de ces voies de fait, il ordonna au baron de Reischach, son ambassadeur près les États-Généraux, de quitter la Haye sans prendre congé (1). Ce fut le comte de Belgiojoso qui, le 30 Octobre, en donna connaissance aux plénipotentiaires hollandais, en leur déclarant, *que S. M. Impériale se voyait obligée de rappeler son ministre, devant considérer l'insulte faite à son pavillon, comme une déclaration de guerre.*

Ce ne fut qu'à cette époque que l'empereur donna les ordres nécessaires pour la marche des troupes. Encore le même jour les plénipotentiaires des États-Généraux adressèrent la note suivante au comte de Belgiojoso.

N°. VIII.

Note des plénipotentiaires hollandais, adressée au comte de Belgiojoso; du 30 *Octobre* 1784.

Les ministres plénipotentiaires de la république des Provinces-Unies ayant reçu communication par S. Exc. M. le comte de Belgiojoso, des ordres de S. M. Impé-

(1) Il y a lieu de croire, dit M. Schoell, dans son *hist. des traités de paix*, que Joseph II, ne s'était pas attendu à une résolution si hardie de la part de la république, puisqu'au moment où les coups de canon, qui selon lui, devaient être le signal de la guerre, furent tirés, les Pays-Bas se trouvaient encore dépourvus de troupes, de magasins et de munitions de guerre.

voulût lui accorder l'audience de congé qu'il avait sollicitée.

Joseph II pour intéresser les autres puissances dans sa querelle, fit adresser la note ci-après à tous ses ministres près les cours étrangères.

N°. IX.

Note circulaire du ministère impérial, envoyée aux ambassadeurs et ministres de S. M. dans les cours étrangères; du 23 *Octobre* 1784.

Vous n'ignorez pas l'origine et la suite des différends qui se sont élevés en dernier lieu entre l'empereur et la république des Provinces-Unies; *les griefs* et *les prétentions les plus fondées*, que *depuis bien longtemps* se trouve avoir S. M. Impériale à la charge des États-Généraux; l'offre, que malgré cela S. M. leur a faite de les arranger à l'amiable avec eux; les conférences qui ont été établies en conséquence pour cet effet à Bruxelles; et enfin *l'ultimatum*, que, dans la vue d'*abréger la négociation*, l'empereur a bien voulu faire remettre aux États-Généraux.

Par l'*inexécution* et les *violations* des traités, que les Hollandais se sont permises dans toutes les occasions, qui leur ont paru favorables, la clôture de l'Escaut est devenue *depuis long-temps une servitude non obligatoire* pour les Pays-Bas autrichiens; et *la face des affaires générales* de l'Europe est même d'ailleurs *si différente aujourd'hui* de ce qu'elle était lors de la conclusion du traité de Munster, qu'il est manifeste, que la stipulation de ce traité, qui regarde l'Escaut, est réellement *sans objet* dans ce moment-ci.

L'empereur ce non-obstant a été disposé à s'accommoder amiablement avec la République, même au sacrifice des prétentions les plus légitimes et les plus

des suites naturelles d'une hostilité aussi manifeste, et d'un fait, par lequel sa dignité a été si grièvement blessée. Vous voudrez bien, Monsieur, vous expliquer à l'occasion en conséquence de tout ce que dessus.

De leur côté, les Hollandais se préparèrent à une défense vigoureuse, et mirent le comte de Maillebois à la tête de leurs troupes (1).

Quant aux instructions qu'ils donnèrent à leurs ministres dans les cours étrangères, elles se trouvent consignées dans la résolution ci-après.

N°. X.

Extrait du regître des résolutions de LL. HH. PP. les États-Généraux; du 3 Novembre 1784.

(Extrait.)

Ouï le rapport etc. il a été trouvé bon et arrêté:

Qu'il sera écrit à tous les ministres de l'état près des puissances étrangères, et qu'ils seront chargés de représenter aux cours respectives près desquelles ils résident, en termes aussi pressans mais aussi décens qu'il leur sera possible: Qu'après une guerre de quatre-vingt ans LL. HH. PP. ont conclu le 30 Janvier 1648, à Munster, avec S. M. Philippe IV, roi d'Espagne, un traité de paix, par lequel elles ont été déclarées états, provinces, et pays libres et souverains, sur lesquels lui Seigneur roi n'avait aucune prétention, ni pour le présent, ni pour l'avenir, pour lui ou pour ses successeurs

---

(1) Ce fut le roi de Prusse, Frédéric II, qui leur avait conseillé sous mains, d'appeler ce général à la place de M. de Moellendorf, qu'ils lui avaient demandé, et qu'il ne pouvait leur céder sans se compromettre.

ont au contraire stipulé pour elles par l'art. 17mo dudit traité, entre autres, pour la conservation du Bas-Escaut, la propriété et souveraineté pleine et entière de quelques districts et places y dénommés; et ultérieurement par l'art. 26mo (DUMONT *corps dipl. Tom. VIII. p.* 464.), „que les navires, marchandises, et denrées, venant de „la Grande-Bretagne et des Provinces-Unies, et en„trant dans les Pays-Bas autrichiens, de même que „les navires, marchandises, et denrées, sortant desdits „Pays-Bas vers la Grande-Bretagne et les Provinces„Unies, ne paieraient les droits d'entrée et de sortie, „que sur le même pied qu'on les levait alors, et parti„culièrement tels qu'ils avaient été réglés avant la signa„ture du présent traité, selon la requisition faite au „conseil d'état à Bruxelles par les ministres des deux „puissances en date du 6 Novembre 1715 et qu'ainsi „le tout resterait, continuerait, et subsisterait sur ledit „pied, sans qu'on y pût faire aucun changement, inno„vation, diminution, ou augmentation, sous quelque „prétexte que ce pût être, jusqu'à ce que S. M. Impé„riale et Catholique, S. M. Britannique, et les S^{grs} États„Généraux en conviendraient autrement par un traité „de commerce à faire le plutôt qu'il se pourrait; de„meurant au reste le commerce et tout ce qui en dé„pend entre les sujets de S. M. Impériale et Catholique „dans les Pays-Bas autrichiens, et ceux des Provinces„Unies, en tout et en partie sur le pied établi, et de „la manière portée par les articles dudit traité de Munster, „lesquels articles venaient d'être confirmés par le pré„sent traité."

Que dans la suite il s'est bien élevé quelques difficultés sur l'exécution du susdit art. 17mo du traité de Barrière; mais qu'il a été conclu à ce sujet entre les trois puissances contractantes, le 22 Décembre 1718, une convention ultérieure, par laquelle la cession des terres et districts déjà faite par le traité de Barrière pour la

nées, et que la République elle-même a été entrainée sur le bord de la ruine.

Que dans la suite, les conférences qui s'étaient terminées sans effet à Anvers, ont été reprises à Bruxelles, en 1751, mais n'ont eu non plus un meilleur succès; de sorte que les commissaires de LL. HH. PP., après y avoir fait un séjour aussi long qu'infructueux, ont enfin été rappelés, pour attendre que les affaires prissent un tour plus favorable.

Que la suite de tous ces faits a été, que non-seulement lesdites places-barrières n'ont pas été convenablement rétablies, à l'exception seule de la ville et du château de Namur, dont la dépense a été portée par LL. HH. PP., mais qu'il a même été mis dans les Pays-Bas autrichiens, diverses impositions et levé divers droits, d'une manière directement contraire audit article 26me du traité de Barrière, jusqu'à ce qu'enfin, pour ne pas parler ici de moindres griefs, en l'année 1781, lorsque cette République se trouvait malheureusement impliquée dans une guerre ruineuse avec le royaume de la Grande-Bretagne, il a plû à S. M. l'Empereur des Romains actuellement règnant, de démolir entièrement toutes les fortifications des places-barrières, Namur seul excepté, et d'exiger que cet état en retirât les troupes qu'il y tenait en garnison.

Qu'aussitôt qu'il eut été satisfait à ce désir, la même requisition a été faite à l'égard de la ville et du château de Namur même.

Que la République y ayant encore eu égard, il lui a été suscité aussitôt diverses querelles, pour avoir fait usage des environs de ces forts sur le même pied que cela s'était constamment pratiqué auparavant, spécialement à l'égard du village et du Polder du Doel, dont la souveraineté pleine et entière avait été expressément cédée à LL. HH. PP. dans les termes les plus clairs

de la part de S. M. Impériale à la charge de la République.

Que là-dessus il fut arrêté, par résolution de LL. HH. PP. en date du 13 Juillet, et remis immédiatement au gouvernement des Pays-Bas autrichiens, une réponse convenable, où l'on démontra de la façon la plus évidente, la nouveauté et le peu de fondement notoire de presque toutes ces prétentions, et où l'on exposa en même temps plusieurs contre-prétentions notables, qui pouvaient être formées à très-juste titre de la part de LL. HH. PP.; le tout néanmoins, en donnant en même temps les preuves les plus convaincantes de la condescendance non-interrompue, que LL. HH. PP. voulaient continuer, autant qu'il leur serait possible, d'observer dans tous leurs procédés.

Que pendant la durée même de ces négociations, et en contravention directe de ce qui avait été expressément stipulé par l'art. 5me du traité de Vienne, il a été conduit dans le port d'Ostende, cinq navires revenant des Indes-Orientales, sans qu'il eût même été montré d'aucune façon quelconque de la part de S. M. Impériale, qu'elle formait aussi à cet égard quelques prétentions, ou qu'elle voulait soutenir quelques raisons à ce sujet.

Qu'ensuite il a été remis le 18 Août, aux ministres de LL. HH. PP. à Bruxelles, une réplique à ladite réponse de LL. HH. PP., pour appuyer ultérieurement les prétentions de S. M. Impériale; réplique néanmoins, dont le mérite peut s'apprécier le plus évidemment possible par la seconde réponse de LL. HH. PP. en date du 28 Octobre dernier.

Mais que cinq jours après, savoir le 23 du même mois d'Août, et sans laisser ainsi à LL. HH. PP. le temps nécessaire pour examiner ladite réplique, il fut remis, de la part de S. M. Impériale, aux ministres de LL. HH. PP., un mémoire ultérieur, par lequel, sous

défense aux officiers à Lillo, „d'employer aucune voie „de fait, dans le cas que l'un ou l'autre des navires „impériaux qui y passeraient, ne voulût pas se laisser „visiter de bon-gré ni payer les droits dus, mais en tel „cas, d'en donner d'abord connaissance, afin qu'on pût „prendre ensuite à cet égard telles mesures ultérieures „qu'on jugerait requises par les circonstances."

Que sur ce qu'après cela le 20 Septembre, il fut témoigné, de la part de l'empereur, en substance, qu'on était surpris de la réponse si précipitée de LL. HH. PP. du 30 Août, par laquelle, à cause de certains préjugés (ainsi qu'on s'exprimait) ou d'autres raisons, les vrais intérêts de la République n'avaient pas été convenablement pesés, „et sur ce qu'il fut déclaré en même temps, „que l'intention de Sadite M. Impériale était indubitablement de déclarer la navigation libre et ouverte sur „l'Escaut, dans toute son étendue, et non pas seulement „sur les eaux auxquelles S. M. avait soutenu par le „tableau, remis de sa part, avoir le droit de souveraineté, mais que néanmoins ce point étant réglé dès „à présent, l'on pourrait entrer en négociation sur le „reste"; LL. HH. PP. ont cru, pour prevenir tout mal-entendu, devoir témoigner sans perte de temps, „que LL. HH. PP. avaient remarqué, que l'ouverture „de l'Escaut était considérée, de la part de S. M. Impériale, comme un objet d'un intérêt secondaire pour „cette République; et que vraisemblablement pour cette „raison, S. M. Impériale avait cru que, sans faire de „notre côté aucun sacrifice notable, l'on pourrait arranger de cette manière et éteindre toutes les prétentions „que S. M. prétendait avoir à la charge de cet état. „Que LL. HH. PP. avaient répondu, qu'elles seules étaient „à même d'apprécier les vrais intérêts de cette République et de ses citoyens, qu'elles suivaient les idées „de leurs ancêtres, qui avaient toujours regardé la clôture de cette rivière comme une des principales sti-

après des avis réitérés et des admonitions amicales, a été arrêté par un des bâtimens de l'état sur le territoire de cette République.

Que d'abord après la reception de ces informations, quoique le capitaine du susdit bâtiment marchand fût notoirement sujet à une procédure, pour avoir passé la douane à Lillo sans y avoir pris un passeport, LL. HH. PP. ont donné ordre de le relâcher sur le champ, dès que ce capitaine ou commandant du bâtiment susdit se serait engagé à retourner sans délai ou à ne pas continuer plus loin son passage par l'Escaut. Mais qu'en même temps elles s'en sont plaintes de la manière la plus sérieuse, et qu'elles ont représenté. (*Ici était inséré l'extrait de la note du* 9 *Octobre, depuis:* Qu'un acte si ouvert de mépris ..... à ne pas descendre l'Escaut plus avant etc. *voyez N°. VII.*)

Qu'en attendant, le 19 du même mois d'Octobre, il est arrivé de nouveau d'Ostende un autre bâtiment commandé par le capitaine Pittenhoven, et muni pareillement d'un ordre par écrit de la même teneur, de la part de S. M. Impériale, „de ne pas se laisser retenir, „en remontant de la mer l'Escaut directement vers An- „vers, de ne pas souffrir non plus de recherche ni „visite de la part de quelques navires ou bâtimens de „la République, ni de reconnaître aucun de ses bu- „reaux.“ Qu'ainsi ce bâtiment a été arrêté encore par les navires de l'état, selon l'ordre établi, mais de la manière la plus civile qu'il était possible, et qu'ensuite il a été ordonné aussi par LL. HH. PP. de le relâcher pour cette fois-ci, comme il avait déjà été fait à l'égard du premier bâtiment, et sous le même engagement de ne pas remonter l'Escaut plus loin; et qu'elles ont renouvelé les plaintes déjà faites, en témoignant, „qu'il „était tout-à-fait impossible de respecter de pareils „ordres de S. M. Impériale, sur le territorie de LL. „HH. PP.“

sur le champ, et d'après le premier ordre de S. M., à un désir aussi extraordinaire, contraire à tous égards au bon sens, à l'équité naturelle, ainsi qu'au droit des gens universellement reçu, et par ce qu'ainsi l'on n'a pas revoqué immédiatement, par égard pour les bâtimens naviguant sous pavillon impérial, mais qu'on à exécuté (quoiqu'avec toute la modération et le ménagement possibles) les ordres usités, qui ont lieu dans ce pays-ci comme dans tous les autres pays, bordés par des rivières, à l'égard des étrangers non moins qu'à l'égard des habitans du pays : cette difficulté, faite par LL. HH. PP., a servi de prétexte à Sadite M., pour rassembler ses troupes de tous côtés dans les Pays-Bas autrichiens, pour donner ordre à son ministre de revenir sans prendre congé, pour rompre les conférences de Bruxelles, et pour faire marcher le plutôt possible (ainsi que LL. HH. PP. en ont été informées de bonne part) encore un corps de plus de quarante mille hommes, sans doute avec intention d'attaquer hostilement cet état.

Que LL. HH. PP. veulent bien ne pas douter que ces procédés, qui certainement ne sauraient s'accorder avec la grandeur et la magnanimité si vantées de S. M. Impériale, doivent s'attribuer aux conseils pervers qu'on lui aura suggérés. Mais qu'il n'en est pas moins certain, que tous les efforts, qu'ont fait LL. HH. PP. pour représenter les choses à S. M. sous leur vrai jour, ont été infructueux, et que leur patience à souffrir des injustices si multipliées, la condescendance dont elles ont usé si long-temps et en tant de cas, les égards sans bornes qu'elles ont manifestés pour S. M. Impériale, et leur désir sincère de contribuer tout ce qui dépendait d'elles pour éviter les voies de fait, n'ont absolument rien effectué, sinon de que multiplier les demandes de S. M. à la charge de cet état, jusqu'à ce qu'enfin, se réservant encore toutes ses autres prétentions, elle paraît

Indépendamment de ces instructions données à leurs ministres dans les cours étrangères, les États-Généraux firent encore remettre au comte de Vergennes, ministre secrétaire d'état des affaires étrangères de France, la note ci-après [1].

N°. XI.

Note que les Etats-Généraux firent remettre au comte de Vergennes, par leur ambassadeur à Paris.

(Extrait.)

Que LL. HH. PP. ont été informées avec certitude par M. le comte de Wassenaer, leur envoyé extraordinaire et ministre plénipotentiaire à la cour de S. M. Impériale et Royale, que Sadite M., qui a déjà fait rassembler toutes ses troupes réparties dans les Pays-Bas autrichiens, a de plus trouvé bon d'ordonner à un corps considérable de plus de quarante mille hommes, de se mettre en marche vers lesdits Pays-Bas, et qu'en effet ils ont déjà commencé leur marche, non sans doute avec autre dessein, que de faire ressentir à cette République le mécontentement, qu'elle a conçu contre elle sans qu'elle l'ait mérité, et de manifester par-là l'intention positive de se faire respecter par une si grande supériorité de forces et de se faire accorder les demandes dures et iniques qu'elle a formées et étendues sans cesse, pour que la République renonçât immédiatement aux droits qu'elle

---

(1) Pour stimuler la cour de France, dit M. Schoell, à s'intéresser pour eux, ils firent semblant, ou ils tentèrent peut-être de renouer leurs liaisons avec l'Angleterre, qui avaient été rompues depuis la guerre d'Amérique. Ils entamèrent quelques négociations avec le chevalier Harris, ministre de cette cour à la Haye, et envoyèrent le baron de Lynden à Londres; mais le cabinet britannique déclara vouloir rester neutre dans ce différend.

trémité où elle est de devoir prendre les armes pour sa défense; secours, sans lequel cet état ne saurait se garantir du danger le plus imminent; et que S. M. voudra bien donner à MM. leurs ambassadeurs, la communication nécessaire des arrangemens qui pourront servir à une si puissante assistance par une prompte opposition aux desseins de S. M. Impériale et Royale, tandis que LL. HH. PP. mettront de leur côté tout en oeuvre, ainsi qu'elles s'en occupent déjà effectivement, pour employer tous les moyens qu'il a plu à la divine providence de leur laisser, et dont MM. les ambassadeurs pourront en tout temps donner ouverture à S. M. Très-Chrétienne.

Dans un conseil qui fut tenu le 7 Novembre 1784, le comte de Vergennes, ayant représenté, qu'en abandonnant les Hollandais dans une circonstance si critique, on les forcerait de se jeter entre les bras de l'Angleterre et qu'on perdrait ainsi le fruit de toutes les dépenses qu'on avait faites pour les attacher aux intérêts de la France, le roi fit remettre la déclaration suivante au comte de Mercy, ambassadeur de l'empereur à Paris (1).

No. XII.

Déclaration de la cour de France, remise au comte de Mercy, ambassadeur de l'empereur à Paris; du 27 Novembre 1784.

L'amitié sincère qui attache le roi à l'empereur, et les voeux que S. M. forme pour le maintien de la tranquil-

(1) M. de Vergennes engagea encore Louis XVI, d'ouvrir une correspondance directe avec l'empereur, pour le disposer à la modération et à la paix. Cette correspondance eut lieu en effet; et c'est, dit M. de Flassan, dans son *hist. de la diplomatie française,*

pereur n'excite une inquiétude générale, et que la plupart des puissances ne se croient dans le cas de prendre les précautions et les mesures que les évènemens pourront exiger de leur part. Le roi lui-même ne pourra se dispenser d'assembler des troupes sur les frontières. D'ailleurs, dans aucune hypothèse, S. M. ne pourrait être indifférente au sort des Provinces-Unies, et les voir attaquées à force ouverte dans leurs droits et dans leurs possessions. S. M. le peut bien moins aujourd'hui, qu'elle est au moment de consommer avec la République une alliance, dont la base était arrêtée avant les derniers différends.

Si des considérations aussi importantes peuvent déterminer l'empereur à suspendre toutes démonstrations hostiles, pour n'écouter que la voix de la modération et de l'humanité, le roi renouvelle l'offre de son entremise, pour procurer entre S. M. Impériale et les Provinces-Unies un accommodement juste et convenable. S. M. s'y prêtera avec d'autant plus de zèle, qu'en suivant les mouvemens de ses sentimens personnels pour l'empereur, elle aura la satisfaction de concourir à éteindre dans son principe, le feu d'une guerre dont les suites seraient incalculables.

L'impératrice de Russie que Joseph II avait su captiver, voulant épouser les intérêts de celui-ci, chargea son ministre à la Haye, M. de Kalitscheff, de présenter la note ci-après aux États-Généraux.

N°. XIII.

Note de M. de Kalitscheff, adressée aux Etats-Généraux; du 10 *Novembre* 1784.

Toutes les démarches de l'impératrice, depuis le commencement de son règne, ayant toujours été diri-

en puisse résulter un arrangement salutaire et utile aux deux parties.

À la Haye, le 10 Novembre 1784.

KALITSCHEFF.

Voici la résolution que prirent à ce sujet les États-Généraux.

No. XIV.

Extrait de la résolution prise par les États-Généraux du 24 Décembre 1784.

Ouï le rapport de M. de Haeften et autres députés de LL. HH. PP. pour les affaires étrangères, qui en conséquence de leur résolution commissoriale du 20 de ce mois, ont examiné conjointement avec quelques députés du conseil d'état, une note remise à M. van Citters, président à l'assemblée, par M. de Kalitscheff, envoyé-extraordinaire de S. M. l'Impératrice de Russie, au nom de sa souveraine, relativement à la situation actuelle de la République concernant ses différends avec l'empereur, plus amplement insérée dans les régîtres à la date du 20 du même mois, et qui ont pris de plus, pour autant que l'affaire de l'Escaut y est aussi mêlée, dans une conférence avec les députés des collèges respectifs d'amirauté, leur avis et leurs considérations à ce sujet : surquoi délibéré, il a été trouvé bon et arreté, qu'en réponse à ladite note, il sera communiqué à M. de Kalitscheff, envoyé extraordinaire de S. M. Impériale de Russie :

Qu'il a été très-agréable à LL. HH. PP. de recevoir de nouvelles assurances des sentimens affectionnés de S. M. pour la prospérité et le bien-être de cette République, et d'être informées en même temps, de la part que Sadite M., par un effet de sa magnanimité,

Qu'ainsi LL. HH. PP. ont été autant surprises qu'affectées d'éprouver, que pour cette raison S. M. l'empereur ait trouvé bon de faire rompre tout-à-coup lesdites négociations amicales à Bruxelles, et de rappeler d'ici son ministre sans prendre congé; de façon que LL. HH. PP. se sont trouvées dans la nécessité de rappeler pareillement leurs ministres, dont la présence, par cette démarche de S. M. l'emperenr, était devenue infructueuse et sans objet dans ses états:

Que néanmoins LL. HH. PP., ayant toujours été et étant encore actuellement très-éloignées de vouloir offenser S. M. l'empereur, en quelque manière que ce soit (ce qu'elles croient même avoir déclaré assez ouvertement à toutes les puissances de l'Europe) sont non-seulement très-disposées à faire reprendre les négociations interrompues, mais que même elles se croiront très-redevables à S. M. l'Impératrice de Russie, au cas que par sa co-opération puissante et affectionnée, *la paix puisse être conservée, mais d'une façon qui soit compatible avec les droits et les possessions incontestables de cet état.*

Et sera remis extrait de la présente résolution de LL. HH. PP. à M. de Kalitscheff, envoyé-extraordinaire de la cour de Russie, avec requisition d'appuyer de la manière la plus convenable, le voeu de LL. HH. PP. à cet égard, près de l'Impératrice, sa souveraine.

No. XV.

Seconde note de M. de Kalitscheff, adressée aux Etats-Généraux; du 7 Mars 1785.

La réponse de LL. HH. PP. à la note que le soussigné a eu l'honneur de leur remettre le 19 Novembre dernier, annonçant les dispositions de la République à s'arranger à l'amiable avec S. M. l'empereur des Romains,

le 8 Décembre 1784, entre le comte de Mercy et MM. de Berkenrode et de Brantzen, ministres de la République.

Malgré les difficultés de toute espèce que présentait à l'empereur la guerre avec la République, il ne persistait pas moins dans le commencement de ces conférences, dans ses prétentions sur la liberté de l'Escaut. Ce fut avec peine qu'il céda finalement sur ce point, mais il exigea qu'on lui remît Mastricht et un district considérable sur la Meuse. Comme les États-Généraux se refusèrent positivement à cette cession, et que M. de Vergennes se déclara pour eux, les négociations allaient être rompues, lorsque le comte de Mercy déclara, au mois de Février 1785, que si on donnait à l'empereur *une satisfaction éclatante pour l'affront fait à son pavillon sur l'Escaut*, S. M. Impériale se contenterait d'un léger arrondissement de territoire et d'une somme d'argent, tant pour ses prétentions, qu'en réparation des dommages causés par les inondations. Le comte de Vergennes décida alors les États-Généraux à envoyer deux députés à l'empereur, chargés de faire des excuses à S. M. sur ce qui s'était passé.

En conséquence, le comte de Wassenaer-Twickel, et le baron de Lynden se rendirent à Vienne, où ils eurent, le 24 Juillet 1785, leur audience (1).

---

(1) Le prince de Kaunitz, dit encore M. Schoell, qui avait moins de grandeur d'ame que son maître, veilla soigneusement à ce que les deux députés ne fussent pas traités en ministres pléni-

„cette bonne harmonie, interrompue si malheureusement, „et de la voir assurée sur des bases immuables : Que „LL. HH. PP. n'ont jamais pu former le projet d'en agir „envers les sujets de V. M. que de la même façon et sur „le même pied qu'envers les sujets de la République „même":

„Que d'après ces sentimens, LL. HH. PP. se flattent, „que ces assurances si claires, rendront évidente l'impos„sibilité de vues offensantes qu'on aurait pu leur prêter „injustement, mais que leurs égards pour V. M. ne leur „permettraient jamais d'admettre."

Et c'est en conséquence de ces sentimens, Sire, que tous les voeux de LL. HH. PP. tendent au retour parfait de la bonne intelligence avec V. M. Impériale et Royale, qu'elles espèrent ardemment de voir rétablie par les bons offices et la médiation d'un monarque, qui par les liens les plus chers, est l'ami et l'allié de V. M. Impériale et Royale : — époque heureuse, qui ne pourra jamais arriver assez tôt au gré de LL. HH. PP. qui n'ont jamais varié, et ne varieront jamais, sur le haut prix qu'elles, attachent à l'amitié et à la bienveillance de V. M. Impériale envers la République.

Réponse de l'empereur.

Je suis charmé que LL. HH. PP., par votre députation, Messieurs, aient satisfait à ce que j'avais désiré comme un préalable à tout accommodement. Je vais faire passer des ordres à mon ambassadeur à Paris, de reprendre les négociations sous la médiation du roi de France, mon allié et beau-frère : et je ne doute point qu'une prompte conclusion pourra faire éviter tous les fâcheux évènemens, suite inévitable d'ultérieurs délais.

Ce point préliminaire ayant été ainsi réglé à la satisfaction de l'empereur, les négociations entamées à Paris, furent reprises.

de cette déclaration que les préliminaires furent signés le 20 Septembre, la veille du jour fixé par l'empereur.

Le traité définitif fut conclu à Fontainebleau, le 8 Novembre 1785, sous la médiation et la garantie de la France, et signé par le comte de Vergennes, au nom du roi comme médiateur; par le comte de Mercy d'Argenteau, ambassadeur de l'empereur à la cour de France, pour et au nom de ce prince; par MM. Mathieu Lestevenon, seigneur de Berkenrode, et Gérard Brantzen, bourguemaîtres de la ville d'Arnheim, en qualité d'ambassadeurs et plénipotentiaires des États-Généraux.

---

termes, dont le dernier était échu le 24 Septembre 1787; mais lorsqu'en 1788, le système français fut remplacé en Hollande par celui de l'Angleterre, la France se prévalut du traité conclue le 15 Avril 1788, entre cette puissance et les États-Généraux, pour se soustraire à l'obligation d'acquitter les quatre derniers termes.

dolent Louis XV, se vit obligé de cacher son ressentiment; attendant toutefois une occasion favorable pour éclater (1). La guerre des Turcs déclarée au mois d'Août 1787, occupant la Russie sur le Dniester et en Crimée, parut favoriser ses projets. A peine au printemps de 1788, l'impératrice avait-elle fait équiper à Cronstadt, une flotte de quinze vaisseaux de ligne, destinée à passer le Sund, et à se rendre à la Méditerrannée pour soutenir les opérations militaires dans l'Archipel, que le roi fit sortir la sienne, le 9 Juin 1788, du port de Carlscrona, sous le commandement de son frère, le duc de Sudermanie. En même temps une flotte de vingt huit galères, qui avait été équipée avec une promptitude extraordinaire, transporta en Finlande une armée rassemblée à Stockholm (2).

---

(1) Le prince Charles de Hesse, dans ses *Mémoires sur la campagne de* 1788 *en Suède*, dit, en parlant du voyage imprévu que le roi de Suède fit à Copenhague au commencement de l'année 1788 : „Ce prince, qui depuis sa jeunesse avait été nourri dans des principes d'inimitié contre le Danemark, sa nation presque républicaine étant partagée alors en factions, dont celle, nommée les *bonnets*, opposée aux intérêts de la cour, était attachée à la Russie, à l'Angleterre et au Danémark, déploya à Copenhague tous les talens de l'éloquence et de la politique, pour détacher la cour de Danemark de son ancienne et étroite alliance naturelle avec la Russie, et pour la porter à s'unir étroitement avec la Suède."

(2) Déjà le 12 Juillet 1778 le roi renouvella l'alliance qui subsistait, depuis 1739, disait-il, entre la Suède et la Porte, mais qui par l'art. 1er de la paix d'Abo avait été véritablement annullée. Par le traité de 1787, le roi s'engagea à attaquer la Russie; et la Porte promit de lui payer des subsides. Le traité de 1788 n'a point été publié.

bon voisinage et une bonne harmonie ainsi que la dernière paix d'Abo l'avait rétablie entre les deux états. Si au milieu du repos dont son empire jouissait du côté de ses autres voisins, S. M. l'Impératrice avait jamais connu la moindre idée de troubler ou d'altérer le moins du monde cet ordre des choses; il serait hors de toute vraisemblance de la lui attribuer au moment où elle se trouve engagée dans une guerre que lui a suscitée injustement un ennemi puissant, et à laquelle elle ne saurait donner trop d'attention. Provoquée de cette manière à déployer les moyens qu'elle tient de la providence, pour repousser l'attaque de son ennemi, elle a eu soin d'en prévenir amicalement toutes les puissances de la chrétienté; et nommément elle a observé cette conduite, lorsqu'elle a pris la résolution d'armer une flotte, pour l'envoyer dans l'Archipel, et le soussigné en a, par son ordre, communiqué l'intention au ministre de Suède. Toutes ces dispositions et ces préparatifs se rapportant visiblement et uniquement à la circonstance dans laquelle se trouvait la Russie, n'étaient nullement faits pour alarmer ses autres voisins, qui ne nourriraient pas quelque dessein caché d'en profiter en multipliant ses embarras.

En admettant pour un instant, que la cour de Russie ait supposé de tels desseins à celle de Suède, quelques contraires qu'ils soient à la religion des traités qui les lient, la saine raison, ainsi que l'intérêt de la première, devaient borner toutes ses mesures au soin d'en prévenir les effets et non de les provoquer : Et en effet, celles que la prudence dicte, et qui furent adoptées sur les bruits qui se répandaient de toutes parts, des armemens qui se faisaient en Suède, se réduisaient à un renfort très-modique des troupes russes en Finlande, et à la destination de l'escadre ordinaire qui a coûtume de croiser tous les ans dans la Baltique pour l'exercice des marins; coûtume, à laquelle la Suède

Comme le roi de Suède regarda l'expression dont le comte de Rasoumoffsky s'était servi dans sa note, en l'adressant à la fois à son ministère et *à tous ceux de la nation qui participaient au gouvernement*, comme une offense personnelle, et qu'il accusa à la fois ce ministre d'avoir voulu mettre la désunion entre le gouvernement et la nation, en rappelant les temps d'anarchie auxquels la révolution de 1772 avait mis fin, il lui fit signifier de quitter Stockholm et le royaume. On voulut même le forcer de s'embarquer sur un yacht suédois qui devait le transporter à Pétersbourg, mais il s'y refusa, et ne quitta la capitale que le 11 Août, pour se rendre à Lubeck.

Le 23 Juin, peu de jours avant que les ministres étrangers prirent congé du roi se rendant à l'armée en Finlande, S. M. leur fit remettre par le comte d'Oxenstierna, la note suivante, pour leur communiquer les griefs qui avaient motivé sa conduite envers le ministre de l'Impératrice.

N°. II.

Note du comte d'Oxenstierna, adressée par ordre du roi, à tous les ministres étrangers résidant à Stockholm; du 23 Juin 1788 (1).

Pendant que le roi, soigneux de maintenir la bonne harmonie avec tous ses voisins, n'a rien négligé pour la

---

(1) Cette note est en quelque sorte individuellement dirigée contre le comte de Rasoumoffsky, et n'est guère propre à expli-

tions des témoins que la forme du gouvernement ne peut reconnaître.

S. M. chercherait vainement à concilier les assurances d'amitié de l'Impératrice de Russie d'un côté et l'interpellation des Suédois de l'autre. Chargé de déclarer les sentimens de ses maîtres, tout ministre ne doit, ni ne peut les annoncer qu'au souverain seul, auprès duquel il est accrédité; toute autre autorité lui est étrangère, tout autre témoin lui devient superflu. Telle est la loi, tel est l'usage constant de tous les cabinets de l'Europe: et cette règle n'a jamais cessé d'être observée, à moins que par des insinuations captieuses on n'ait pour but, comme autrefois en Suède, de brouiller les chôses, de tout confondre et d'y relever de nouveau la barrière qui séparait jadis la nation et le souverain.

Blessé de cette manière par l'endroit le plus sensible à sa gloire, et n'appercevant plus chez le comte de Rasoumoffsky le langage d'un ministre, chargé jusqu'à présent d'annoncer les sentimens amicaux de l'Impératrice; mais ne pouvant non plus se figurer que des expressions aussi contraires aux lois fondamentales de la Suède, et qui, en séparant le roi et l'état rendraient tout sujet coupable, lui aient été préscrites, le roi aime mieux les attribuer aux sentimens particuliers du ministre de Russie, qu'il a osé manifester, qu'aux ordres de sa cour. Cependant après ce qui vient de se passer, après les déclarations aussi contraires au bonheur du royaume qu'aux lois et aux égards dûs au roi, S. M. n'est plus en état de reconnaître le comte de Rasoumoffsky dans la qualité de ministre, et se voit obligée d'exiger son départ de la Suède, en confiant à son ministre à la cour de Russie, la réponse aux autres points de la note qui vient d'être communiquée.

N°. III.

Article inséré dans la gazette de Pétersbourg; du 12 Juillet 1788.

La cour n'a pas appris sans étonnement, qu'une note que son ministre à Stockholm avait remise le 18 Juin à la cour de Suède, pour s'éclaircir sur les armemens inattendus de cette puissance, ait pu servir de prétexte à celle-ci, pour déclarer au comte de Rasoumoffsky qu'elle ne pouvait plus le reconnaître dans son caractère public. Cependant ne pouvant pas être indifférente à un procédé si imprévu, M. de Koch, premier officier des bureaux du vice-chancelier comte Ostermann, s'est rendu le 4 Juillet, dans l'absence du maître des cérémonies, chez le baron de Nolcken, envoyé de Suède à St. Pétersbourg, et lui a déclaré:

„Que S. M. l'Impératrice avait été extrêmement „surprise du message fait à son ministre à Stockholm; „qu'en conséquence et par réciprocité S. M. Impériale „lui faisait savoir, que ses ministres ne traiteraient plus „avec lui dans son caractère public, et qu'il eut à quitter dans la huitaine l'empire de Russie, les ordres „ayant été donnés pour lui faciliter le voyage."

Le vice-chancelier refusa en conséquence de recevoir des mains du ministre de Suède, la note ci-après, qui lui fut remise par le secrétaire de légation, M. de Schlaff.

et du désordre. L'époque où la Russie, accablée d'une guerre onéreuse, longue et flagrante, quoique remplie de succès, éprouvant les calamités de la disette et de la peste, déchirée dans son sein par la révolte qui menaçait jusqu'au trône même de l'Impératrice; où Moscou, tremblant à l'approche du rebelle Pugatschew, demandait de prompts secours; et où, pour les lui donner, l'Impératrice, forcée de dégarnir sa frontière, la laissait ouverte et sans défense, suivit bientôt celle où elle ne paraissait occupée que d'ébranler le trône du roi. Si S. M. n'eût consulté que les mêmes principes qui déterminaient les démarches du cabinet de St. Pétersbourg, le roi eût pu porter des coups funestes à la Russie, et qui eussent pu rejaillir même sur la personne de l'Impératrice. Loin de se livrer à des sentimens, qui par tout ce qui avait précédé, eussent peut-être été excusables, le roi resta dans une parfaite tranquillité, et espéra par une conduite aussi pure, de convaincre l'Impératrice de ses sentimens particuliers et des principes qu'il s'était prescrit de suivre pendant tout le cours de son règne.

Non content d'une conduite aussi pacifique, et ne voulant rien négliger pour arracher jusqu'à la moindre semence de l'animosité que les succès même du roi pouvaient avoir laissée dans l'esprit de l'Impératrice, et en même temps éteindre toutes les haines nationales que tant de guerres avaient allumées, S. M. chercha, par une connaissance personnelle, à convaincre l'Impératrice de son amitié et de son désir de maintenir la paix et la bonne harmonie entre ses états et les siens. Le roi aimerait à s'arrêter à cette époque, dont le souvenir encore cher à son coeur lui rappelle la douce et trompeuse illusion dont il fut pendant longtemps ébloui, et pendant laquelle il croyait pouvoir regarder l'Impératrice comme son amie personnelle, si les circonstances qui se sont depuis développées, lui permettaient de se retracer ces

C'est dans ces circonstances, et lorsque le roi comptait s'expliquer définitivement avec l'Impératrice, que le comte de Rasoumoffsky, mettant le comble à ses démarches offensantes dans une note ministérielle, conçue dans les termes les plus insidieux, sous les apparences de l'amitié, a osé vouloir séparer le roi de la nation, en a appelé à elle, et sous le spécieux prétexte de l'amitié de l'Impératrice pour la nation, a voulu rompre les liens sacrés qui unissent le roi et ses sujets. S. M. a consulté ce qu'elle se doit à elle-même, à ses peuples, à la tranquillité publique, et a écarté de sa personne un particulier, qui en abusant du droit des gens, cessait d'avoir droit d'en jouir : Et lorsque S. M. en respectant encore en lui le caractère dont il mésusait, a mis dans la démarche que le roi devait à sa gloire, tous les ménagemens possibles, S. M. croit avoir encore donné une dernière preuve de ses égards pour l'Impératrice, et du respect que le roi porte au droit des gens.

C'est dans ces circonstances que le roi s'est rendu en Finlande à la tête de son armée, et qu'il demande une réponse catégorique et définitive, qui décidera de la paix ou de la guerre : et voici à quelles conditions le roi offre la paix à l'Impératrice.

1) Que le comte de Rasoumoffsky, ministre de l'Impératrice, soit puni exemplairement, pour avoir employé en Suède toute sorte de moyens illicites, à l'effet de troubler l'amitié, la confiance et la bonne intelligence : et ce afin que cet exemple serve à empêcher d'autres de se mêler jamais dans les affaires domestiques d'un royaume indépendant.

2) Que pour dédommagement des frais de la guerre, S. M. Impériale cède à perpétuité au roi, toute la partie de la Finlande et de la Carélie avec le gouvernement et la ville de Kexholn, tels que ces pays ont été abandonnés à la Russie par les traités de paix de Nystädt et d'Abo, et que Susterbeck fasse désormais la frontière.

avait la satisfaction d'apprendre, que ces insinuations ont manqué partout leur but. En effet, ces cours sont trop éclairées pour croire que la Russie, ayant pendant une si longue suite de temps suivi un système constament pacifique à l'égard de la Suède, choisît, pour s'en écarter, le moment où elle était occupée d'une guerre aussi sérieuse que celle que la Porte-Ottomane lui avait suscitée.

Cependant l'impératrice, attentive à tout ce qui se passait dans un voisinage aussi immédiat de ses états, crut, sur les avis qui lui en sont parvenus, ne devoir pas négliger quelques mesures de précaution: mais là même, voulant éviter tout ce qui pouvait donner de l'ombrage et exciter quelqu'alarme, elle se contenta de faire passer en Finlande un renfort léger de troupes, et d'établir dans cette province des magasins proportionnés à leur nombre, et indispensablement nécessaires à leur subsistance. Ensuite se reposant sur la religion du traité de paix perpétuelle toujours subsistant entre l'empire de Russie et le royaume de Suède, et ne connaissant d'ailleurs aucun sujet de discussion ouverte ni cachée entre les deux cours, la correspondance amicale au contraire continuant toujours entre elles sur l'ancien pied, elle avait sans doute toutes sortes de droits de penser, que quelque exaltées que puissent être l'ambition, l'inquiétude et l'envie de sa puissance, les seuls motifs qui pourraient pousser le roi de Suède à lui faire la guerre, elles seraient reprimées par le respect dû à la bonne foi qui doit présider aux actions des souverains encore plus qu'à celles des autres hommes; par l'impossibilité de donner quelque couleur d'équité à l'essor qu'il voudrait faire prendre à ses passions; et enfin par un frein également puissant celui de l'engagement solemnel qu'il a contracté vis-à-vis de sa propre nation, de n'entreprendre aucune guerre sans la rassembler, la consulter et obtenir son consentement.

l'irrégularité de ce procédé, lorsqu'elle reçut la nouvelle encore moins attendue, du renvoi de son ministre de la cour et des états de S. M. Suédoise. Les prétendues raisons de cette démarche sont exposées dans la déclaration que ce prince fit remettre aux ministres accrédités auprès de lui de la part des autres puissanses. Ces raisons ne sont point faites pour en imposer même aux moins clairvoyans, et par conséquent elles ne seront point combattues; mais on ne peut s'empêcher d'observer, que c'est le premier exemple d'un souverain, qui s'offense de ce qu'un autre souverain l'assure conjointement avec ses états, de ses sentimens pacifiques et bienveillans à leur égard.

Cependant l'impératrice, fermément résolue de persister jusqu'au bout dans les principes de modération qu'elle s'était préscrits, borna son ressentiment de ce procédé, à la réciprocité dont elle était naturellement autorisée d'user à l'égard du ministre du roi de Suède. Elle lui fit signifier de quitter sa cour et ses états, dans le même espace de temps, qui a été fixé à son ministre à Stockholm. La seule différence qu'il y eût dans cette démarche, consiste, en ce que toute inculpation fausse et insidieuse en fut écartée; et cette différence s'est établie d'elle-même, par le bon droit qui accompagne la cause de l'impératrice, et la mauvaise foi qui a guidé toute la conduite du roi de Suède.

Malgré ces scènes, qui faisaient présager un éclat inévitable, l'impératrice se plaisait encore à nourrir l'espoir, que des explications amicales que le roi de Suède avait annoncées lui-même dans ses ouvertures aux puissances étrangères, parviendraient à conserver la bonne harmonie et le bon voisinage, qu'aucune raison ni intérêt d'état, de part ni d'autre, n'excitait à rompre. Mais cet espoir lui est tout-à-coup ravi : elle apprend que dans la nuit du 21 au 22 de ce mois, les troupes du roi de Suède, s'étant brusquement jetées sur les

Les liens du sang et les sentimens de la reconnaissance établissaient ainsi d'autant plus solidement l'amitié et l'harmonie d'un bon voisinage de la part de la couronne de Suède, envers notre empire. Qui donc ne doit considérer avec étonnement l'artifice, la violence et le manque de bonne foi, qui, au mépris de toutes les obligations naturelles et nationales, accompagnent les entreprises insidieuses du roi de Suède envers la Russie? Il faut l'ajouter, pour manifester davantage nos inclinations pacifiques. Lorsque ce prince renversa d'une manière violente la forme du gouvernement de la Suède, sur laquelle se fondaient le pouvoir du sénat et la liberté du peuple, et qu'il s'empara ainsi du pouvoir absolu, nous ne fîmes pas valoir, pour le présent, le droit que nous avions de nous y opposer, quoique les stipulations du traité de paix de Nystadt, confirmées dans toute leur étendue par la dernière paix d'Abo, fussent par-là manifestement violées. Ce procédé de notre part, se fondait sur l'attente, que cet évènement n'ébranlerait point le bien-être de la Suède, ni ne pourrait avoir des effets préjudiciables pour le repos des voisins. Cependant peu après, nous découvrîmes l'envie entreprenante qu'avait le roi, de troubler la tranquillité du nord; car tantôt il s'adressait à nous, tantôt à la cour de Danemark, pour proposer à chacune en particulier et dans le secret, une alliance, uniquement dans la vue de rendre illusoire celle qui subsistait entre les deux états. Nous ne fîmes à cette tentative d'autre accueil, que de répondre brièvement, „que nous nous „montrerions prêtes à entrer dans toute alliance qui „n'aurait pas pour but de troubler le repos du Nord.“

La mauvaise réussite de ce projet, n'arrêta pas néanmoins un prince, consumé par un ardent désir d'exciter des querelles. La guerre qui éclata entre nous et les Turcs, ouvrit une libre carrière à ses injustes desseins. Lorsque pour seconder nos armées de terre

nous n'avions pourvu nos frontières de ce côté-là ni de troupes ni de munitions de guerre, en telle quantité que l'auraient exigé des desseins hostiles, au cas que nous en eussions eu réellement.

C'est ainsi que nous demeurâmes constamment dans les mêmes sentimens d'amitié, lorsque le roi de Suède fit connaître pour la première fois ses intentions hostiles, en envoyant sa flotte dans la Baltique. Au commencement de ce mois (de Juin) tandis que trois de nos vaisseaux de guerre, qui avaient été détachés de notre escadre destinée pour la Méditerranée, faisaient voile à la hauteur de l'île de Dago, une frégate de la flotte suédoise vint en joindre un, que montait le vice-amiral de Deissen et exigea le salut, sous prétexte que sur cette flotte se trouvait le frère du roi, le duc de Sudermanie. Notre vice-amiral se référa à l'article 17me du traité d'Abo, où il est stipulé, „qu'il ne se fera point de salut entre „les vaisseaux des deux nations;" et il ne promit cette marque d'honneur que sur le pied d'un témoignage d'égard rendu, non au pavillon de Suède, mais uniquement comme appartenant au duc de Sudermanie, en qualité de notre cousin et de frère du roi. En conséquence il fit tirer treize coups; et il envoya à ce prince un officier, pour lui en faire la notification; mais celui-ci reçut pour réponse sur son message, „qu'à la vérité „le prince connaissait ces stipulations qui subsistaient entre „la Russie et la Suède; mais qu'il avait ordre du roi, „d'exiger dans toutes les occasions, cette marque de „respect qui appartenait à son pavillon." Nous n'avions pas encore eu le temps de demander une explication sur ce procédé, qui blessait la dignité de notre pavillon, et qu'on ne pouvait considérer que comme une provocation à la guerre, lorsque nous reçûmes un second avis, que le roi de Suède avait fait signifier au comte Rasoumoffsky, qui résidait avec le caractère de notre envoyé à la cour de Suède, qu'il eût à quitter sa cour

nos fidèles sujets, à qui nous faisons part, avec un coeur plein de sollicitude, d'une violation si noire de la bonne foi, réunissez vos prières ardentes à celles que nous adressons au Très-Haut, pour que sa bénédiction toute-puissante, précède nos armées, et que sa justice dirige ses décrets de façon, que par la défaite d'un nouvel ennemi, qui a attaqué si injustement la Russie, quoiqu'elle ne l'eût offensé en rien, la valeur des neveux remporte la même gloire avec laquelle leurs ancêtres triomphèrent de ce même ennemi pour la défense de leur patrie.

Donné à Czarsko-zelo, le 30 Juin (11 Juillet) l'an de grâce 1788 et de notre règne le vingt-septième.

L'original est signé de la propre main de S. M. Impériale.

(L. S.) CATHERINE.

Peu de jours après la cour de Russie fit insérer l'article officiel suivant, dans la gazette de Pétersbourg (1).

N°. VII.

Article officiel que la cour de Russie fit insérer dans la gazette de Pétersbourg; du 18 *Juillet* 1788.

Le roi de Suède, après avoir rompu par les hostilités effectives, commencées de son côté, la paix qui avait subsisté jusqu'ici entre l'empire de Russie et la couronne de Suède, envoya à la légation qui avait résidé ici de sa part, une note, pour la remettre au ministère impérial de Russie. Dans cette note, le roi allègue plusieurs motifs peu convenables et faux, qui

---

(1) M. de Nolcken était parti de Pétersbourg le 14 Juillet.

dont ils étaient effectivement animés. Accoûtumée à regarder son peuple avec des yeux pleins de tendresse paternelle, à chérir ses sujets comme ses enfans, S. M. sent en ce moment combien il en coûte à un père de découvrir à un tiers, des fautes qu'il aurait volontiers ensévelies dans l'oubli : mais comme rien ne manifeste plus au grand jour, la conduite de son puissant voisin et la justice des griefs du roi; comme l'intérêt même de tous les Suédois exige que l'Europe connaisse le malheur dont l'état a été menacé, les complots faits, même contre la personne du roi, au milieu de l'abri, où la paix semblait le mettre à cet égard; et le véritable fond des procédés que la Russie tenait sous l'extérieur d'une modération apparente; procédés qui cachaient des vues plus horribles que le fléau d'une guerre ordinaire, le roi se voit dans la nécessité de montrer ici la vérité toute nue et de la mettre dans tout son jour. L'Europe y reconnaîtra le cours non interrompu de cette ambition, de ce désir d'aggrandissement, qui a toujours caractérisé le ministère de Russie : Elle reconnaîtra, seulement sous une forme un peu différente, ces mêmes détours et ces manèges, qui partagèrent la Pologne il y a seize ans, qui s'assujettirent la Crimée, et qui ont presque fait de la Courlande une dépendance de la Russie.

C'est une chose connue depuis plusieurs années, que peu après la paix d'Abo, la Russie forma le plan de séparer la Finlande de la Suède, et sous le prétexte particulier de rendre ce pays indépendant, d'en faire dans la réalité une province feudataire de la Russie, comme la Courlande l'est encore en ce jour. Il est triste de penser, que les mots sacrés de *liberté* et d'*indépendance,* ainsi que le nom adorable d'un Dieu de miséricorde et de paix, soient presque toujours le signal des divisions et du malheur public : mais telle est la faiblesse inhérente à l'humanité, que ce qui devrait ser-

de Pétersbourg, de ses efforts pour arracher la Finlande à la Suède : ils furent repris immédiatement après le retour de cette princesse de son grand voyage, avec une double ardeur; et les intrigues que son ministre à Stockholm trama, de concert avec les mouvemens secrets du cabinet de Pétersbourg, pour troubler la tranquillité publique dans la Finlande, manifestèrent assez clairement les projets et les vues de la Russie; vues directement dirigées contre la personne du roi et le repos intérieur de la Suède.

La déclaration de guerre que la sublime Porte-Ottomane fit à la Russie, survint durant ces intrigues et servit de nouveau motif à cette cour, pour travailler à forces redoublées, à semer la discorde et le trouble dans la Suède; royaume, qui était lié avec la Porte-Ottomane par un ancien traité conclu déjà en 1739 et qui, ne pouvant renoncer à une alliance, laquelle avait subsisté tant de temps sans interruption en vertu de ce traité, paraissait par là même être à craindre pour les Russes.

Cependant malgré cela, le roi a fait tout ce qui était possible pour convaincre la Russie de ses sentimens pacifiques, sans oublier néanmoins pour cette raison un allié avec lequel la Suède est unie par des liens si formels. Le roi a offert, jusqu'à trois fois, sa médiation à la Russie, pour accorder les différens qui s'étaient élevés entre cet empire et la Porte; médiation d'autant plus efficace, que l'Europe entière connaît le crédit et l'influence de la Suède près la Porte, qui a toujours duré depuis le long séjour que Charles XII fit dans les états de cette dernière.

C'est précisément dans ce moment que le comte de Rasoumoffsky, mettant le comble à toutes ses démarches offensantes, dans une note ministérielle, conçue dans les termes les plus insidieux sous les apparences de l'amitié, a osé vouloir séparer le roi de la nation; a voulu rompre les liens sacrés qui unissent le

roi dans ces provinces éloignées, tint la guerre pour commencée en voyant des hostilités commises sur la frontière; et en vertu des ordres qui lui avaient été nécessairement donnés dans le cas d'une attaque, il bloqua le château de Nislot, pour s'assurer d'un poste qui était important pour couvrir ces contrées lointaines contre les dévastations des hordes barbares qui sont au service de la Russie; vû que ces provinces, dont les limites ont été reculées par la paix d'Abo, se trouvent entièrement ouvertes et sont absolument hors d'état de se défendre, sans se rendre maîtres des défilés de la Finlande russe. L'avis de cet évènement parvint à la flotte; on accéléra l'activité; et une bataille navale que le duc de Sudermanie gagna peu après sur des forces supérieures, décida l'éruption d'une guerre, quelques efforts que le roi fît pour l'éviter, en renonçant même dans cette vue, profiter du moment si rare et si favorable qui s'offrit, pour s'emparer de sept vaisseaux de guerre russes enveloppés par la flotte de Suède.

Au milieu de tous ces chagrins, et quoique le roi ne sache pas encore ce que sont devenus son ministre, et deux officiers envoyés comme courriers à Pétersbourg, S. M. ne veut cependant pas renoncer à son inclination pour la paix; mais elle est encore prête à accepter toutes conditions honorables de paix, qui lui seront offertes de la part de l'impératrice, pourvu seulement qu'on accorde au roi et qu'on lui donne la certitude de pouvoir procurer une paix sûre et stable à la Porte-Ottomane.

À Helsingfors, le 21 Juillet 1788.

Pour ne point être obligé d'interrompre plus tard, le fil des négociations qui eurent lieu entre les gouvernemens de Danemark et de Suède; nous placerons ici la note que le baron de Sprengporten, ministre de Suède à Copenhague, adressa le 10 Août,

pas cru être dans le cas de plaider dans un siècle, dont l'humanité fait le plus beau caractère. L'ambassadeur, connaissant l'exactitude avec laquelle dans les tribunaux de S. M. Danoise on soutient les titres et non les protections des partis, est fort éloigné de rien demander au delà de la plus parfaite justice. Qu'on examine les faits avec leurs circonstances, que les témoins soient entendus; qu'on rapproche ces dispositions de la loi générale du droit des gens (à laquelle les puissances du Nord ont donné une sanction plus particulière dans leur convention de l'année 1780) des lois particulières, qui sont en vigueur dans les états de S. M. Danoise, et de ce droit coûtumier enfin qui n'est pas moins sacré, parceque toutes les nations y appellent mutuellement; et les sujets du roi de Suède obtiendront, ce qu'on ose réclamer pour eux, de nouvelles preuves de cette équité, dont l'échange est devenu l'heureuse habitude des deux nations, et dont l'observation la plus scrupuleuse est toujours si essentielle entre des nations voisines. En conséquence de ces principes et de ces usages, l'ambassadeur doit se réserver avant tout, qu'il ne soit procédé à la vente des prises suédoises, avant le procès instruit et fini, qui seul doit constater si elles sont bonnes ou illégales.

Son Exc. M. le comte de Bernstorff reconnaîtra sans doute dans cette représentation, le même esprit de modération et d'équité, qui caractérise toutes celles qui lui ont été faites au nom du roi de Suède, aimant mieux se sacrifier tout entier pour soutenir ses droits, lorsqu'ils sont attaqués, que d'imposer des sacrifices à ses amis. S. M., même dans le moment le plus critique de son règne, se borne à ne demander au roi, son beau-frère, que le maintien des principes les plus universels, qui ont même de l'intérêt pour S. M. Danoise elle-même, et laisse à ses ennemis la peine indiscrète

les ordres exprès des chefs: et ce fait ne peut être décidé que dans un jugement légal, que les officiers russes sont bien éloignés de recuser. On charge du terme injurieux de *pirates*, les commandans des vaisseaux de S. M. Impériale qui ont fait des prises suivant la pratique constante de toutes les guerres maritimes; pratique, qui est sans doute dans ce moment fort sensible à la nation suédoise, mais dont leur roi a le premier donné le malheureux exemple. L'on ose taxer *d'inhumanité inouïe*, le traitement qui a été fait aux prisonniers, tandis qu'ils ont été soignés, nourris, traités comme les propres matelots nationaux; que les excès inévitables dans toutes les occasions où une troupe n'agit pas sous l'inspection immédiate des chefs, ont été punis, et le malheur des particuliers souvent réparé par la générosité des commandans russes. Mais le cabinet de Stockholm s'est permis dès le commencement de la guerre, d'avancer à la face de l'Europe des faits si évidemment controuvés, que rien ne doit étonner de sa part.

Fait à Copenhague, le 13 (24) Septembre 1788.

LE BARON DE KRUDNER.

Dès que les premières hostilités de la part des Suédois eurent eu lieu, par la prise de la ville de Nyslot et par une invasion en Carélie, l'Impératrice de Russie réclama l'assistance du Danemark, en vertu des traités d'alliance de 1768, 1769 et de 1773 (1).

---

(1) Le roi de Suède ayant en 1772, de la Finlande, menacé le Danemark d'une invasion, se fondant sur la cession d'anciennes prétentions, et sur le troc de la partie ducale du Holstein, contre le duché d'Oldenbourg, qui s'était fait sans sa participation; l'impératrice de Russie et le roi de Danemark conclurent, le 1 Août 1773, a Pétersbourg une alliance perpétuelle et secrète, suivie d'une con-

N°. XI.

Note du comte de Bernstorff, ministre des affaires étrangères du roi de Danemark, adressée au baron de Sprengtporten, ambassadeur de Suède à Copenhague; du 19 *Août* 1788.

S. M. l'impératrice de toutes les Russies, attaquée par mer et par terre, par les armées et par la flotte de S. M. Suédoise, ayant réclamé les secours stipulés dans ses traités d'alliance défensive, conclus avec le Danemark dans les années 1765 et 1769, renouvellés et confirmés par le traité définitif de l'année 1773; et ayant exposé à S. M. Danoise les faits et les argumens destinés à fonder cette réclamation, et à servir de preuve du cas d'aggression; S. M. les a pesés avec cette attention soigneuse, qu'elle devait à S. M. Suédoise, à son respect pour tous ces devoirs, à son amour pour la paix, enfin à tous les principes qu'elle a avoués depuis le commencement de son règne. Elle en a reconnu l'évidence, et n'ayant ainsi plus à consulter que la fidélité due à des engagemens anciens et inviolables, et la bonne foi, cette loi sacrée pour tous les souverains, elle déclare à S. M. le roi de Suède, que ce sont ses propres démarches qui la déterminent à présent; qu'elle les regrette d'autant plus, qu'elle n'a

---

à la tête de laquelle se trouvait le colonel Jaegerhorn, à Pétersbourg, pour déclarer à l'impératrice que l'armee suédoise ne passerait pas la frontière si les troupes russes recevaient l'ordre de ne point entrer en Finlande. Catherine II, accueillit très-bien cette députation. Un armistice fut arrêté, que les officiers insurgés communiquèrent au duc de Sudermanie. Obligé de céder à la nécessité, le duc l'accepta et se retira de la Finlande russe. Plus tard le procès fut fait à ces conjurés, dont quatre furent condamnés à mort par sentence d'un conseil de guerre, le 19 Avril 1790. Le colonel Hesteska fut toutefois le seul que l'on exécuta, le 8 Septembre 1790.

claration remise aujourd'hui à M. l'ambassadeur de Suède, S. M. ambitionne le suffrage de l'Europe, et particulièrement des cours, auxquelles elle est liée par des traités qu'elle respecte et qu'elle chérit, et avec lesquelles elle partage cet esprit de modération et de paix, qui caractérise dans ce siècle éclairé les souverains qui en font l'ornement. S. M. soumet avec plaisir et avec confiance sa conduite et ses principes à leur jugement. Elle doit leur abandonner à présent ces moyens de conciliation dont elle-même n'en a néglige aucun, mais qui ne sont plus dans son pouvoir. Elle leur répète à tous et à chacun en particulier, qu'elle s'y prêtera avec tout l'empressement possible et qu'elle justifiera par ses démarches les principes qu'elle avoue, et selon lesquels elle consent et consentira toujours à être jugée.

Du departement des affaires étrangères à Copenhague, le 19 Août 1788.

A. P. BERNSTORFF.

Cette déclaration fut en même-temps transmise à tous les ministres de S. M. Danoise dans les cours étrangères, celles de Russie et de Suède exceptées; elle fut accompagnée de la note suivante.

N°. XIII.

Lettre circulaire, adressée à tous les ministres de S. M. Danoise residant dans les cours etrangeres, en leur transmettant la déclaration de S. M.; du 23 *Août* 1788.

Il y a long-temps, M., que vous êtes prévenu sur le systême du roi. Vous ne serez donc pas surpris de ce que j'ai l'honneur de vous communiquer la déclaration ministérielle remise par ordre du roi à M. l'ambassadeur de Suède, et la note avec laquelle celle-ci a

rappeler à S. M. Danoise, combien il s'est donné de soins pour consolider la bonne harmonie qui depuis plus de soixante ans a subsisté entre la Suède et le Danemark, et pour la rendre stable et permanente. Le roi, ne voulant rien négliger encore pour conserver le maintien de la plus longue paix, que les annales de deux royaumes peuvent montrer, et connaissant d'ailleurs les soins que d'autres puissances vont se donner pour éteindre le nouvel incendie qui menace le Nord, se borne uniquement dans ce moment à demander une explication claire et précise des intentions de S. M. Danoise, d'après laquelle le roi règlera ses démarches.

S. M. Danoise annonce, qu'elle va céder, en conformité de ses traités défensifs, et de la manière, qui y est stipulée, une partie de ses vaisseaux de guerre et de ses troupes, à la libre disposition de l'impératrice de Russie. Le roi, qui jusqu'à ce moment a ignoré le contenu et l'étendue des engagemens contractés entre le Danemark et la Russie, demande au roi, son beau-frère, si ce sont des troupes et des vaisseaux auxiliaires qu'il compte remettre à la disposition de la Russie; en ce cas, et selon l'usage de tout temps recu, ses troupes et ses vaisseaux ne peuvent agir contre la Suède que dans les mers et dans les provinces appartenantes à la Russie, et être transportés dans les lieux où se trouve actuellement établi le théâtre de la guerre : et dans ce cas, loin de regarder les démarches de S. M. Danoise comme hostiles, le roi se bornera aux regrets de voir le roi, son beau-frère, soutenir par ses secours, l'ennemi de la Suède. Mais, si ces troupes sortent des provinces soumises à la domination de S. M. Danoise et limitrophes à la Suède, pour entrer sur les terres du roi; s'ils y attaquent les sujets de S. M., ses places fortes et ses troupes, le roi se verra forcé pour lors de regarder la longue paix qui subsiste entre la Suède et le Danemark comme rompue, et le roi de Danemark comme

Tant que le Danemark n'a point un intérêt propre, et qu'il n'agit qu'en auxiliaire de son alliée, il ne peut avoir d'autre but, que le rétablissement d'une paix prompte et solide, et dès que S. M. l'impératrice conviendra de ses conditions avec la Suède, la sienne est faite également. Il doit respecter toutes les démarches de la Russie, qui terminent ou qui suspendent cette guerre où elle se trouve engagée. Aussi long-temps que les troupes et les vaisseaux auxiliaires qui agiront contre la Suède, n'excèderont pas le nombre stipulé, et que le reste des forces danoises ne commet aucun acte d'hostilité d'aucun genre, S. M. le roi de Suède n'est point fondé à se plaindre; ce sera elle-même qui changera la nature de la situation présente, si elle veut envisager et traiter en ennemis les forces qui n'agissent pas contre la Suède, et qui ne le feront que lorsqu'elle aura déclaré la guerre au Danemark. Ce sera elle-même qui aura donné alors une existence à des différends qui n'existaient pas, et qui ne le seront non plus, si les souhaits et les conseils du roi, et la considération du bonheur des sujets réciproques, peuvent avoir quelque influence sur S. M. Suédoise.

Le roi n'a rien à objecter aux mesures qu'on opposera en Suède aux forces auxiliaires danoises : S. M. déclare plutôt, qu'elle ne donnera aucune étendue de plus à ses plans et à ses démarches, avant que d'apprendre que la résolution de S. M. Suédoise d'en donner aux siennes, soit irrévocable. Elle souhaite vivement, que la réponse décisive qu'elle attend encore de sa part, puisse ne pas devenir le signal d'une guerre, dont l'idée même est pénible à son coeur, mais amener la confirmation de cette paix, qui fait toujours l'objet constant de ses voeux.

Du département des affaires étrangères à Copenhague, le 13 Septembre 1788.

A. P. BERNSTORFF.

marches; ils doivent donc l'être également de celles qui en sont la conséquence naturelle et nécessaire.

Tout ceci n'est nullement en opposition avec nos efforts continués, de hâter le rétablissement de la paix, et avec la satisfaction que nous éprouvons de voir des puissances amies s'occuper sérieusement d'une médiation conciliante. Déjà le roi de Suède a accepté celle de l'Angleterre, et quoique nous ne puissions pas encore connaître les intentions de la Russie, nous savons en général, que son système est de désirer la paix, et qu'elle s'y prêtera dès que sa dignité offensée par les procédés offensans du roi de Suède sera sauvée.

Tels succès que puissent avoir nos troupes, ils sont censés être ceux de la Russie, S. M. continuant à désavouer toute idée de conquête.

Copenhague, le 16 Septembre 1788.

BERNSTORFF.

No. XVII.

ULTIMATUM *de la cour de Suède, remis par le baron de Sprengtporten, en réponse à la réplique du comte de Bernstorff; du 5 Octobre* 1788.

Le roi n'a pu voir qu'avec surprise les principes avancés par le comte de Bernstorff, dans la note qu'il a remise par ordre de S. M. Danoise à l'ambassadeur du roi, le 19 du mois passé, qui porte qu'aussi long-temps que les troupes et les vaisseaux auxiliaires, qui agiront contre la Suède, n'excèderont pas le nombre stipulé, et que le reste des forces danoises ne commet aucun acte d'hostilité d'aucun genre, le roi de Suède n'était point fondé à se plaindre, que S. M. ne peut reconnaître conformes au droit des gens, et contre lesquels le roi a ordonné au soussigné de protester hautement. Cependant par l'amour de la paix, et pour épargner aux sujets des deux

durer jusqu'au 13 Mai 1789, et qui par l'art. 7me fut garanti par l'Angleterre et la Prusse.

Le roi de Prusse de son côté, dès qu'il fut instruit des progrès de l'armée danoise en Suède, et notamment de l'attaque prochaine de la ville de Gothenbourg, par le prince de Hesse, envoya le comte de Rohde à Copenhague, pour faire au ministère de Danemark une déclaration, dont le précis est contenu dans l'instruction ci-après (1).

N°. XVIII.

Précis de la déclaration verbale faite par le comte de Rohde au nom de S. M. Prussienne, au comte de Bernstorff. (Extrait.)

J'ai été surpris lorsque j'ai appris qu'un corps de douze mille Danois est entré de la Norwège en Suède, et qu'il menaçait l'importante ville de Gothenbourg, le principal siège du commerce de la Suède. Vous vous rendrez donc incessamment chez le comte de Bernstorff, et vous lui déclarerez de ma part, que j'avais toute l'amitié possible pour S. M. le roi, le prince royal et pour toute la maison royale de Danemark, et que je souhaitais de vivre constamment avec elle dans la plus parfaite union; mais que je ne pouvais pas voir avec indifférence, qu'on prenne des mesures qui meneraient directement à écraser le roi de Suède, à changer la présente forme du gouvernement de ce royaume, et à

(1) La déclaration ne fut faite que verbalement, le ministre n'ayant point été autorisé d'en donner copie; le prince de Hesse la rendit publique dans ses *Mémoires sur la campagne de 1788 en Suède.*

Cette déclaration précise et menaçante engagea le roi de Danemark à envoyer le 24 Octobre, au prince de Hesse, l'ordre d'évacuer avec toutes ses troupes le territoire suédois.

L'impératrice de Russie ayant décliné la médiation des cours alliées, M. Elliot adressa la note ci-après au comte de Bernstorff, pour demander une déclaration précise sur les intentions ultérieures de S. M. Danoise pendant la guerre entre la Suède et la Russie.

No. XIX.

Lettre de M. Elliot adressée au comte de Bernstorff; du 23 *Avril* 1789.

Monsieur le comte, je me prête avec plaisir au désir que V. Exc. m'a témoigné de recevoir par écrit le sommaire des représentations que j'ai eu l'honneur de lui faire de bouche par ordre de ma cour.

V. Exc. voudra bien se rappeler qu'au moment que le roi de Danemark fit cession d'une partie de ses troupes de terre et de mer, comme auxiliaires, à la Russie, S. M. Danoise a demandé l'intervention de S. M. Britannique pour rétablir la tranquillité entre la Suède et la Russie. En conséquence de cette démarche, le roi mon maître a formellement offert sa médiation, de concert avec ses alliés, aux parties belligérantes.

C'est avec le plus vif regret que je dois aussi rappeler à V. Exc. que l'impératrice de Russie jugea à propos de décliner la médiation du roi et de ses alliés, et que ce refus fut l'unique cause de la continuation des hostilités, puisque S. M. le roi de Suède avait accepté de la manière la plus franche et la plus amicale cette offre

le systême qu'ils ont adopté dans l'unique vue de conserver l'équilibre du Nord, équilibre pas moins intéressant au Danemark qu'à toute nation maritime et commerçante.

Je ne doute pas que V. Exc. ne reconnaisse combien peu l'interprétation la plus favorable de votre traité pourrait aider l'impératrice, si elle entrainait une coopération vigoureuse par mer et par terre des trois puissances, pour soutenir la Suède; et que le cabinet de Copenhague ne soit trop sage et trop modéré pour exposer ou la Russie ou le Danemark, à une extension des hostilités de la part des cours qui ne respirent d'ailleurs que la paix, et qui cherchent à l'établir sur la base la plus stable, et sous les conditions les plus avantageuses possibles pour toutes les parties intéressées.

Je dois donc, M. le comte, vous prier formellement de la part du roi et de ses alliés, de porter la cour de Danemark à n'accorder aucune portion de ses forces, ou de terre ou de mer, à la Russie, pour agir offensivement contre la Suède sous le prétexte d'un traité défensif; mais au contraire de soutenir une neutralité parfaite dans toutes les provinces et dans toutes les mers appartenantes au roi de Danemark.

Soyez persuadé, M. le comte, que dès que le Danemark aura embrassé un parti aussi conforme aux voeux de ses vrais amis, le concours du roi de Danemark au rétablissement de la paix générale serait infiniment agréable au roi mon maître; et j'ose ajouter que V. Exc. a été trop longtemps au fait des vrais intérêts de la Russie et des sentimens de l'Angleterre, pour ne pas sentir que l'impératrice ne saurait mieux placer sa confiance, pour effectuer la pacification, que dans les mains de S. M. Britannique et de ses alliés.

Je suis instruit de demander de V. Exc. une réponse claire et décisive sur les intentions de S. M. Danoise, par rapport à la jonction d'une partie de ses

déclarations verbales, S. M. m'a ordonné d'y répondre: „qu'elle adhérait invariablement à ce système de paix, dont le Danemark ne s'est jamais écarté, et qui de l'aveu de la Suède même n'a pas été interrompu par les secours auxiliaires fournis conformément à ses engagemens, à la Russie; qu'elle avait toujours vivement désiré que les démarches faites par les puissances respectables qui s'occupent du désir de rétablir la paix dans le Nord, eussent le succès le plus heureux, et que tous ses voeux seraient remplis si elle pouvait y contribuer elle-même: que ce sentiment, joint aux preuves sans nombre qu'elle avait données pendant tout le cours de son règne, et de sa bonne foi et de son attachement particulier aux souverains augustes qui s'expliquent actuellement avec elle, devait leur être garant non seulement de son système général, mais aussi de son souhait décidé, de ne pas contredire leurs vues, qui tendaient à la pacification générale; qu'elle y ajoutait avec satisfaction, qu'elle était persuadée que leur équité lui garantissait également la certitude, qu'elles entreront avec amitié dans sa situation, et qu'elles reconnaîtront et approuveront qu'elle s'entende préalablement et incessamment avec S. M. l'impératrice de Russie, qui a le droit incontestable de réclamer les engagemens dont il s'agit à présent uniquement, avant que de donner une réponse entièrement définitive.“

S. M. hésite d'autant moins d'y insister, que la durée de la trève, qui assure la tranquillité actuelle, rend non seulement le délai indifférent, mais que S. M. s'engage d'ailleurs d'en respecter toutes les conditions aussi long-temps qu'elle ne se croit pas autorisée de donner cette réponse. Connaissant d'ailleurs la sagesse de son alliée, convaincue de sa modération, sure de ses propres sentimens, S. M. prévoit l'issue la plus satisfaisante; et quelle serait sa joie, si une réunion parfaite et entière pouvait y appartenir!

noise croit dû à son auguste alliée, et ne changera rien à la conclusion heureuse, que V. Exc. nous promet à notre négociation, je me refuse d'entrer dans toute discussion ultérieure sur l'équité, la justice et la sagesse des vues de nos trois cours.

Je dois néanmoins réitérer qu'elles adhéreront invariablement au principe déjà annoncé dans ma précédente: „Que la continuation des hostilités étant uniquement causée par le refus de la Russie d'accepter une médiation, que S. M. Suédoise avait embrassée sans hésitation, les trois cours regardent le Danemark comme libéré de toute stipulation d'un traité défensif, d'autant plus que ladite médiation n'a été offerte aux puissances belligérantes, qu'à la suite des ouvertures faites pour cet effet par le Danemark même."

Pour prouver d'ailleurs ma confiance parfaite dans les expressions rassurantes de V. Exc., je me charge de faire part de la lettre que V. Exc. m'a écrite, et de surseoir à toute démarche plus formelle et plus concluante, jusqu'à nouvel ordre, en cas que V. Exc. croit être autorisée par sa propre cour de donner une explication satisfaisante des paroles suivantes de sa lettre:

S. M. hésite d'autant moins d'y insister, que la durée de la trève, qui assure la tranquillité actuelle, rend non seulement le délai indifférent, mais que S. M. s'engage d'ailleurs d'en respecter toutes les conditions aussi longtemps qu'elle ne se croit pas autorisée de donner cette réponse.

Vous n'ignorez pas, M. le comte, que l'on a donné à différentes occasions des explications contradictoires de ladite trève, et pour prévenir toute mésentendue à ce sujet, je supplie V. Exc. de m'assurer, en réponse à cette lettre, que S. M. Danoise consent de ne pas céder à la Russie aucune partie de ses forces, ni de terre, ni de mer, pour agir en qualité d'auxiliaires contre la Suède jusqu'au 24 Juin prochain, inclusivement, et que V.

N°. XXIII.

Lettre adressée en commun par les trois ministres plénipotentiaires d'Angleterre, de Prusse et d'Hollande, au comte de Bernstorff; du 6 *Juillet* 1789.

M. le comte, dans le courant du mois d'Avril dernier, nous nous adressâmes à V. Exc. au nom de nos souverains, pour engager S. M. le roi de Danemark par des voies amicales à conserver une neutralité parfaite et illimitée dans les troubles du Nord, et de prévenir par là une extension d'hostilités qui rendrait plus difficile le rétablissement d'une paix solide et stable. V. Exc. nous répondit alors au nom du roi, que S. M. ne pouvait donner une réponse définitive avant qu'elle ne se fût entendu avec S. M. l'impératrice son alliée, et qu'un courrier serait incessamment expédié à cet effet pour Pétersbourg. Ce courrier étant de retour, nous nous adressons de nouveau à V. Exc. en la priant de vouloir nous communiquer les résolutions de sa cour, et nous osons nous flatter qu'elles satisferont les voeux de nos souverains, en les assurant d'une neutralité illimitée et parfaite de la part de S. M. le roi de Danemark.

Nous avons l'honneur d'être etc.

Copenhague, le 6 Juillet 1789.

ARNIM. ELLIOT.
VANDERGOES.

Le roi de Danemark ayant obtenu l'agrément de l'impératrice de pouvoir garder une neutralité entière pendant la guerre, le comte de Bernstorff adressa la déclaration suivante aux ministres des trois cours alliées. Elle mit fin aux discussions entre le Danemark et la Suède.

réunies, en réponse d'une note commune du 6 de ce mois, en les priant de la faire parvenir à leurs souverains.

Copenhague, le 9 Juillet 1789.

BERNSTORFF.

La paix de Werelae, signée le 14 Août 1790, pour la Russie par le général d'Igelstroem et pour la Suède par le général d'Armfeld, mit fin à la guerre du Nord.

à amener dans les ports de la république, tout navire neutre qui se trouverait chargé, en tout ou en partie, soit de comestibles appartenant à des neutres et destinés pour des ports ennemis, soit de marchandises appartenant aux ennemis (1).

Déjà avant la France, la Grande-Bretagne avait, sous prétexte que la guerre contre ce pays n'avait pour but que de punir des rebelles et des perturbateurs de l'ordre social, mis en pratique les maximes énoncées dans ce décret. Elle voulut adopter contre la république, le système de la famine (2), que cent ans auparavant le roi Guillaume III, avait essayé de mettre en usage contre la France, d'après l'exemple de la reine Elisabeth, qui vers la fin du 16me siècle, y avait eu recours contre l'Espagne (3). Ce système fut développé sans

---

(1) Ces dernières y furent déclarées de bonne prise, et devaient être confisquées au profit des capteurs; les comestibles appartenant à des neutres, devaient être payés sur le pied de leur valeur, y compris le fret, et une indemnité serait accordée aux bâtimens à raison de leur détention. Par ce décret la France viola les stipulations du traité du 30 Septembre 1749, le dernier qui ait réglé les rapports entre la France et le Danemark et dont la validité devait durer jusqu'à ce qu'on fût convenu d'un nouveau traité de commerce.

(2) M. AZUNI, dans son *Droit maritime de l'Europe, T. 2. p.* 120, dit en cette occasion, „former un pacte de famine contre un peuple entier, prétendre affamer des femmes, des enfans, des vieillards etc. voila une mesure monstrueuse, dont il a été réservé à l'Angleterre de prendre l'affreuse initiative."

(3) En 1589, la reine Elisabeth fit enlever soixante bâtimens appartenans aux villes hanséatiques, chargés de grains et de maté-

Art. II. Que les commandans des vaisseaux de guerre de S. M. et les armateurs qui ont ou auront des lettres de marque contre la France, auront à saisir tous vaisseaux quelle que soit leur cargaison, qui seront trouvés tenter d'entrer dans quelque port bloqué, et de les envoyer avec leur cargaison pour adjudication, exceptant les vaisseaux danois et suédois, lesquels la première fois seront seulement empêchés d'entrer, mais s'ils le tentaient pour la seconde fois, ils seront envoyés de même pour adjudication.

Art. III. Qu'en cas que S. M. déclarerait quelque port pour bloqué, il est enjoint aux commandans des vaisseaux de guerre de S. M. et des armateurs qui ont ou auront des lettres de marque contre la France, s'ils rencontrent des vaisseaux en mer, dont les papiers font voir qu'ils sont destinés pour de tels ports bloqués, mais qu'ils ont quitté les ports de leur pays respectifs, avant que la déclaration du blocus y ait été connue, de les en avertir, et de les engager à chercher d'autres ports: mais ils ne devront point les molester, à moins qu'il ne paraisse qu'ils ont continué leur course dans l'intention d'entrer dans le port bloqué, dans lequel cas ils seront sujets à être pris et condamnés; comme le seront de même tous les vaisseaux en quelque lieu qu'ils soient rencontrés, dont il conste qu'ils ont mis à la voile de leur port pour un port qui a été déclaré bloqué par S. M. après qu'une telle déclaration a été connue dans le pays d'où ils viennent, et tous les vaisseaux qui, après avoir été informés de quelque manière du blocus pendant leur voyage, auront cependant continué leur course dans le dessein d'entrer dans un tel endroit.

Le cabinet de St. James, en communiquant cette ordonnance aux puissances neutres, essaya

des nations neutres avec la France pendant la guerre actuelle, et il lui est enjoint en même temps de faire à M. le comte de Bernstorff quelques observations sur ce sujet, aussi bien que sur celui des vaisseaux appartenant aux sujets britanniques qui pourraient être amenés comme prises dans les ports de S. M. Danoise.

Personne ne peut méconnaître combien les circonstances de cette guerre diffèrent de celles sur lesquelles sont fondés le système du droit public et les usages ordinaires établis entre les souverains de l'Europe. On ne peut pas nier non plus, que cette différence ne doive influer d'une manière importante et essentielle sur l'exercice des priviléges des puissances neutres, résultans ou du droit général des nations, ou des traités particuliers.

Il n'existe actuellement en France aucun gouvernement qui soit reconnu, non pas par les puissances belligérantes, mais par celles même qui tiennent encore à leur neutralité. La cour de Danemark ne conserve aucun ministre à Paris; elle n'en a reçu aucun de la part de la France depuis la mort funeste de feue S. M. Très-Chrétienne; elle s'est abstenue soigneusement de reconnaître l'existence d'une autorité légitime en France, comme de fait il n'en existe point; et quoique des raisons particulières ne lui aient pas permis d'entrer dans la guerre, elle ne peut cependant pas considérer la France comme une puissance avec laquelle il lui soit possible dans ce moment de maintenir tous les rapports usités d'amitié et de neutralité.

Si dans les cas ordinaires, une puissance neutre continue de faire son commerce avec deux nations, ses amies, qui sont en guerre l'une avec l'autre, elle a le moyen de s'assurer, tant par les voies établies de négociation, que par l'usage reconnu des tribunaux de toute l'Europe, que sa neutralité, observée par l'une, le sera également par l'autre; elle peut de même s'assu-

donc plus être considéré comme une combinaison de spéculations particulières auxquelles les individus des autres nations participent, mais comme une opération directe et immédiate du soi-disant gouvernement qui nous a déclaré la guerre.

Il est de même notoire, que dans ce moment, un moyen des plus efficaces de ceux qui se présentent pour réduire les personnes qui nous ont déclaré cette guerre, à de justes conditions de paix, c'est celui de les empêcher de remédier, par des importations, à la disette naturellement résultante de ce qu'ils ont fait pour armer contre les autres gouvernemens et contre la tranquillité générale de l'Europe, toute la classe laborieuse du peuple français. C'est un principe reconnu par tous ceux qui ont écrit sur le droit public, que ces importations peuvent être légalement empêchées quand on espère de réduire son ennemi par ce moyen. Elles le peuvent être bien plus encore, quand la détresse de cet ennemi n'est occasionnée que par les moyens dont il s'est servi pour nous nuire; et il est incontestable que ce cas, d'un genre absolument nouveau, ne peut être jugé d'après des principes et des règles établies pour les cas des guerres poursuivies selon l'usage ordinaire des souverains de l'Europe. On doit aussi remarquer, qu'en admettant dans ses ports les armateurs français avec leurs prises, S. M. Danoise ne pourrait avoir aucune de ces suretés qu'exige la loi des nations, sur la validité de leurs commissions et la régularité de leur conduite. Ses cours de justice ne peuvent, sans une contradiction manifeste, reconnaître la légalité d'une patente ou commission quelconque, émanée d'une autorité qu'elle ne reconnaît pas pour souveraine; sans cette reconnaissance, non seulement les prises ne peuvent pas être condamnées, mais les sujets et les propriétés britanniques ne peuvent, sans une violation directe des traités, être détenus dans les ports appartenans à un gouvernement

S. M. Danoise, leurs prises, et moins encore les y vendre sous prétexte d'une condamnation quelconque; et elle ne manquera pas, en retour, d'apporter de sa part tous les soins possibles pour empêcher que le commerce des sujets danois ne soit troublé, molesté ou inquiété par les vaisseaux armés appartenans soit à S. M. soit à ses sujets, qui auront des lettres de marque ou des commissions pour faire la course sur les vaisseaux ennemis.

Pour ce qui est des ports français bloqués par les forces de S. M. ou des puissances qui font cause commune avec elle dans cette guerre, le soussigné ne fait aucune observation sur cette partie de l'ordre ci dessus, qui y a rapport, les règles qui y sont établies étant conformes à ce qui a toujours été pratiqué en de pareilles occasions, et le principe, ainsi que son application à la position relative des puissances engagées dans cette guerre, ayant été déjà pleinement reconnu par le gouvernement danois.

Copenhague, le 17 Juillet 1793.

DE HAILES.

En même temps que M. de Hailes fit cette communication au gouvernement danois, M. Keen, chargé d'affaires britannique à la cour de Stockholm, en donna connaissance au baron de Sparre, chancelier de Suède, qui peu de temps après, par la voie de M. de Bergstedt, chargé d'affaires de S. M. Suédoise à Londres, fit exprimer au ministère britannique la satisfaction que ce règlement avait donnée au roi son maître (1).

(1) Pour se rendre raison de l'accueil si différent que cette communication reçut à deux cours voisines, qui avaient, sous le

grand intérêt, ne saurait s'écarter en rien des principes, que les circonstances ont fait adopter à la cour de Londres relativement au commerce des nations neutres avec la France pendant la guerre actuelle.

En conséquence elle vient d'ordonner au soussigné, son conseiller privé d'ambassade et son envoyé extraordinaire, de joindre ses représentations à celles que M. Hailes, envoyé extraordinaire de S. M. Britannique, a été chargé de faire sur cet objet à son Excellence M. le comte de Bernstorff.

Le soussigné, en se référant ici en tout au contenu de la note remise pour cet effet par le ministre de S. M. Britannique, et en accédant en plein et sans exception d'aucun point, aux opinions y énoncées et aux demandes y faites, a l'honneur de s'acquitter ainsi des ordres de sa cour de la manière la plus solemnelle et la plus propre à prouver le concert qui règne à cet égard, comme à tous les autres, entre S. M. le roi de Prusse et S. M. le roi de la Grand-Bretagne.

Si les considérations sur lesquelles portent les demandes du ministère britannique, motivées par les circonstances et par la nature de la présente guerre, ne peuvent que mériter par leur solidité l'attention de S. M. Danoise et de son ministère, et si la manière de les exposer et de régler les mesures en conséquence à ne porter aucun préjudice réel aux intérêts des sujets de S. M. Danoise, prouvent le prix que met la cour de Londres au maintien des liaisons et des rapports d'amitié et d'intérêt qui ont si long-temps lié les deux cours, l'empressement avec lequel S. M. le roi de Prusse concourt à l'appui de ces demandes, ne prouve pas moins la confiance qu'il met dans la sagesse du gouvernement danois et dans la justice résultant des principes qui font la base de la présente démarche, confiance, qui est faite pour cimenter la bonne harmo-

péré que l'observation la plus scrupuleuse de la neutralité la plus exacte, et son attention à se conformer à ses traités, la lui épargneraient; mais le contenu inattendu de la note remise par M. Hailes, envoyé extraordinaire de S. M. Britannique, et appuyée par M. le comte de Goltz, envoyé extraordinaire de S. M. le roi de Prusse, ne lui permet plus de garder le silence. Les argumens que S. M. oppose à ceux qui lui ont été allégués, sont contenus dans le mémoire ci-joint. Ce n'est pas le désir de soutenir une opinion une fois avancée, qui l'engage à persister dans la sienne; c'est sa conviction la plus intime et ses intérêts les plus majeurs, le désir de conserver la paix à ses sujets, qui en ont besoin, qui la déterminent.

S. M. est persuadée qu'elle parle à des amis et à des souverains justes et équitables: elle parle ainsi sans détour et avec franchise. Il ne s'agit pas d'une discussion de droits; ceux du Danemark ne sont pas problematiques: et le roi mon maître en appelle aux sentimens des souverains, ses amis, s'il ne doit pas lui paraître pénible d'entrer en négociation sur l'exécution de ses traités, clairs, reconnus et avoués. Il se flatte qu'on n'adoptera jamais comme un principe, ou qu'on puisse vouloir le faire valoir contre lui, que la nature différente d'une guerre peut altérer la nature des contrats bilatéraux, ou que des concessions réciproques puissent être regardées comme des faveurs ou des privilèges, ou que des puissances quelconques puissent faire des arrangemens aux dépens d'un tiers, ou que des états en guerre voulussent alléger le poids qui en est inséparable, en rejetant le fardeau sur des neutres innocens. Ces objets peuvent faire la matière d'une discussion; mais S. M. croirait faire injure aux cours respectables à qui elle s'adresse, si elle craignait qu'elles insisteraient après avoir entendu ses réclamations, et bien moins encore, qu'elles puissent vouloir faire usage

ne fera et ne favorisera aucun contract avec le gouvernement français sur des approvisionnemens de sa marine ou de ses armées. Elle ne permettra pas la vente des prises faites par des vaisseaux français dans ses états, et elle ne cessera de réclamer en France la restitution des effets des Anglais et de sujets des alliés de l'Angleterre confiés à son pavillon, et de faire pour cela les mêmes efforts comme si c'était propriété danoise: enfin S. M. n'omettra et n'oubliera rien de tout ce qui pourra affermir ses liens avec les puissances dont elle a toujours brigué l'amitié et l'estime, et constater sa fidélité à des engagemens et son respect pour les bases de la société et de la prospérité universelle.

Copenhague, le 28 Juillet 1793.

BERNSTORFF.

Voici le mémoire qui était joint à cette note.

MÉMOIRE.

Le droit des gens est inaltérable; ses principes ne dépendent pas des circonstances. Un ennemi en guerre peut se venger de ceux qui les oublient: il peut exister alors une réciprocité funeste qui sauve le droit rigoureux: mais une puissance neutre qui est en paix, ne peut pas composer ou connaître une compensation pareille. Sa sauvegarde est dans son impartialité et dans ses traités, on ne lui pardonne pas de renoncer à ses droits quand c'est en faveur d'une des parties belligérantes: elle-même repose sur le droit public universel, qui ne connaît pas de distinction; elle n'est ni juge ni partie; les traités n'accordent aussi, ni des privilèges ni des faveurs; toutes les stipulations sont d'un droit parfait; ce sont des obligations réciproques; c'est un contract qui serait dénaturé, si une des parties contractantes pouvait le suspendre, ou l'expliquer ou le bor-

ſit dans les cas ordinaires: il n'est pas nécessaire d'entamer des négociations nouvelles pour la simple manutention des traités. Il n'y a pas besoin de négociateurs; les juges suffisent.

Ces considérations sont déjà affaiblies par la remarque que nos réclamations sont souvent écoutées en France, et que l'impossibilité de les faire valoir n'existe pas. Il est vrai que les municipalités auxquelles il faut s'adresser, ne sont pas également équitables; que les sentences des tribunaux de commerce n'ont pas une base uniforme; que la ressource du recours à un centre de l'autorité manque, et que cela fait éprouver quelques fois des injustices fâcheuses; mais elles ne sont pas fréquentes; personne n'en souffre plus que les puissances neutres; et il n'est pas juste qu'elles en soient encore punies, et cela par les puissances qui condamnent le plus ces procédés et qui les justificraient en les imitant.

Une négociation entre une puissance neutre et une des parties belligérantes, pour que celle-ci n'abuse pas de la neutralité au préjudice de l'autre, ne peut pas se penser. Une puissance neutre remplit tous ses devoirs en ne s'écartant jamais ni de l'impartialité la plus stricte ni du sens avoué de ses traités. Les cas où sa neutralité est plus utile à une des parties belligérantes qu'à l'autre ne la touchent et ne l'atteignent pas. Cela dépend des situations locales et des circonstances du moment; cela varie; les pertes et les avantages se compensent et se balancent dans la suite du temps. Tout ce qui ne dépend absolument pas des puissances neutres, ne doit aussi pas influer sur la neutralité: un intérêt particulier et souvent momentané deviendrait ailleurs l'interprète et le juge des traités permanens. La distinction entre de spéculations particulières et celles du gouvernement et des municipalités, nous paraît aussi

tre, et nommément la Grande-Bretagne. Elles la déclarèrent unanimement pour nouvelle et pour insoutenable; et le roi, convaincu, s'en désista entièrement. Une guerre peut certainement différer de l'autre par ses motifs, par son but, par sa nécessité, par sa justice ou son injustice; cela peut être de la plus grande importance pour les parties belligérantes; cela peut et doit influer sur la paix, sur ses dédommagemens, sur toutes les considérations accessoires; mais cela ne regarde absolument pas les puissances neutres. Elles s'intéresseront sans doute pour celles qui ont la justice de leur côté, mais elles n'ont pas le droit d'écouter ce sentiment; la neutralité n'existe plus dès qu'elle n'est pas parfaite.

Les vaisseaux portans pavillon anglais, ainsi que ceux des alliés de l'Angleterre, trouvent dans tous les ports du roi toute la sureté, assistance et protection possible; mais ils ne sont plus sur cette ligne quand ils ont été pris par leurs ennemis; les armateurs français ne peuvent pas être considérés, par des puissances neutres, comme des pirates ou comme des forbans, quand l'Angleterre ne les regarde et ne les traite elle-même pas comme tels; elle considère donc les prisonniers comme des prisonniers de guerre; on les échange; on a même négocié pour cet effet; les lois de la guerre ordinaires sont observées et respectées dans tous les détails; et c'est cette règle seule que nous avons à suivre. Le pavillon tricolore a été reconnu en Danemark dans le même temps, qu'il fut reconnu presque partout. Tout changement à cet égard serait impossible sans nous attirer la guerre et sans la mériter. L'admission des armateurs et des prises en Norwège est la suite de cette neutralité, qui ne connaît pas de distinction; elle a eu lieu de tout temps, dans toutes les guerres maritimes qui ont affligé l'Europe. Tour à tour toutes les nations en ont profité et l'ont désiré. La nature du local s'oppose à une défense générale; elle nous compromettrait,

et d'affermir tous les liens réciproques qui subsistent si heureusement entre elles.

Du département des affaires étrangères à Copenhague, le 28 Juillet 1793.

BERNSTORFF.

Dès le commencement de la guerre, l'impératrice de Russie, par la convention signée à Londres, le 25 Mars 1793, s'était engagée d'unir ses efforts à ceux de S. M. Britannique, pour empêcher les puissances neutres non impliquées dans cette guerre, de protéger, soit directement soit indirectement, le commerce ou la propriété des Français en mer, ou dans les ports de la France. C'est dans cette vue qu'elle fit sortir de ses ports, au mois d'Août, vingt-cinq vaisseaux de guerre pour croiser dans la Baltique et dans la mer du Nord, pour empêcher le commerce des Français, et qu'elle exhorta le gouvernement danois de refuser les convois de guerre aux vaisseaux danois destinés pour des ports de la France.

M. de Krudner, ministre de l'impératrice à la cour de Copenhague, fut chargé en conséquence de remettre la note suivante au comte de Bernstorff.

N°. VI.

Note du baron de Krudner, envoyé extraordinaire de S. M. l'impératrice de toutes les Russies, adressée au comte de Bernstorff; du 10 Août 1793 (1).

Le soussigné, envoyé extraordinaire et ministre plé-

(1) Il est à remarquer que dans cette note le ministre de Cathérine II, fait hommage au principe d'après lequel les convois ga-

par un décret solemnel, les amis et les protecteurs de tous ceux qui oseraient entreprendre des attentats et des crimes semblables aux leurs dans les autres états, et leur ont non seulement promis tout secours et toute assistance, mais ils ont en effet attaqué à main armée la plupart des puissances qui les avoisinent. Par là même, ils se sont constitués de la manière la plus directe en état de guerre vis-à-vis de toutes celles que l'Europe renferme; et dès-lors la neutralité n'a pû avoir lieu que là, où la prudence obligeait de dissimuler le parti que l'intérêt général dictait. Mais ce motif n'existe plus depuis que les puissances les plus formidables se sont réunies entre elles pour faire cause commune contre l'ennemi de la sureté et du bonheur des nations. S'il en est auxquelles leur situation ne permet pas des efforts aussi efficaces et aussi décisifs que ceux que ces puissances déploient, il est juste qu'elles veuillent bien y concourir par d'autres moyens qui sont absolument en leur pouvoir, et nommément par celui de l'interruption de tout commerce et de toute communication avec les perturbateurs du repos public. S. M. Impériale se croit d'autant plus permis de proposer cette mesure, qu'elle a été la première à en donner l'exemple, en l'adoptant dans ses états non-obstant le préjudice passager qui en résulte pour le débouché et le débit des productions de son empire. Elle a trop bien senti les inconvéniens auxquels l'intérêt général serait exposé, si l'on fournissait à l'ennemi commun la facilité d'alimenter et de prolonger les troubles, au moyen d'un libre transport de vivres ou de munitions navales pour balancer sur le sacrifice de quelques profits momentanés, le moindre de tous ceux qu'exige une aussi grande cause. Aussi pleine de confiance dans la justice de ses motifs ainsi que dans l'amitié de S. M. Danoise, l'impératrice n'hésite-t-elle pas de renouveller ses instances auprès du roi son allié, pour l'engager à adhérer à ses inten-

pour la cause que S. M. Impériale avait embrassée, mais qu'il ne l'était pas pour le Danemark, puisque le sacrifice de ses droits, de son indépendance et de ses traités y était attaché; que S. M. ne se permettrait cependant pas d'entrer dans une discussion formelle à cet égard, S. M. Impériale ayant refusé le seul juge qu'elle pouvait reconnaître, *le droit des gens universel et particulier*; que ne pouvant par conséquent plus en appeler à celui-ci, elle ne voulait en appeler qu'à l'équité et à l'amitié de S. M. Impériale, cimentées par tant d'années et par des preuves réciproques; ce qu'elle faisait avec d'autant plus de confiance, qu'elle croyait lui avoir donné une preuve bien forte et décisive de la sienne, en ne faisant pas usage de son droit incontestable, de réclamer, pour la liberté de sa navigation, l'appui qui lui était dû par les traités les plus solemnels et qui lui avaient été proposés par S. M. l'Impératrice elle-même.

Du département des affaires étrangères à Copenhague, le 23 Août 1793.

BERNSTORFF.

Non seulement les armateurs anglais continuèrent à exécuter avec rigueur l'instruction du 8 Juin 1793 (1); mais l'amiral Hood, commandant de la

(1) Depuis le commencement du mois de Février jusqu'au 15 Août 1793, cent quatre-vingt-neuf bâtimens danois, chargés de grains, de viande, de poissons etc., furent conduits en Angleterre, et le gouvernement britannique fut très-lent dans le paiement des cargaisons qu'il s'était ainsi appropriées. Des 557,504 Liv. Sterl. auxquelles elles avaient été estimées, il n'avait payé, en Novembre 1794, que 38,407 Liv. Sterl. 13 Schill. Dans l'intervalle, les tribunaux d'amirauté anglais établirent une maxime nouvelle, d'après laquelle les nations neutres n'avaient pas le droit de porter dans des pays étrangers les produits et marchandises d'autres nations, chaque nation devant se borner au commerce de ses propres pro-

appartenant à la France, ou portant des provisions ou autres munitions pour l'usage d'une de ces colonies et qu'ils aient à amener lesdits vaisseaux avec leurs cargaisons, pour en faire adjudication légale dans la cour d'amirauté.

Par ordre de S. M.

HENRY DUNDAS.

Cette instruction fut modifiée plus tard par une autre du 8 Janvier 1794, qui statua 1°, que les bâtimens chargés de produits des Indes occidentales françaises et allant directement d'un port de ces îles à un port en Europe, seront arrêtés et condamnés; 2°, que les navires chargés de productions de ces îles étant la propriété de sujets français, seront confisqués; 3°, qu'il en sera de même de tout bâtiment qui essayera d'entrer dans un port de ces îles bloqué par les forces britanniques; ainsi que 4°, de tout bâtiment chargé de provisions navales ou militaires pour ces îles (1). Enfin au commencement du mois de Mars 1794, le gouvernement britannique donna aux capitaines de ses vaisseaux un ordre secret qui portait, que tout bâtiment chargé de provisions de bouche ou de provisions navales, quelle qu'en fût la destination, serait amené dans les ports britanniques; et qui établit une série de vingt questions, qui durent être proposées aux gens de l'équipage de tout bâtiment de ce genre qui serait arrêté (2).

---

(1) L'instruction du 10 Août 1794, révoque à la vérité un article de celles ci-dessus, mais confirme tous les autres.

(2) Questions vraiment captieuses et inquisitoriales, comme le dit

donner à la navigation innocente de leurs sujets toute protection contre ceux qui voudraient la troubler.

L'art. 5 et 6 portent à 8 vaisseaux de ligne et un nombre proportionné de frégates l'escadre que chacun fera équiper; ces escadres se réuniront ou se sépareront, selon qu'on jugera de l'intérêt et du bien commun.

L'art 7, dit, qu'on ne fera aucune distinction entre les intérêts des deux nations et des deux pavillons, excepté celle que des traités subsistans différens avec d'autres nations pourront exiger. Les vaisseaux danois défendront les vaisseaux et le pavillon suédois, et *vice versa.*

Par *l'art.* 10, la Baltique est déclarée mer fermée.

Par *l'art.* 11, LL. MM. s'engagent à communiquer en commun cette convention à toutes les puissances en guerre, en y ajoutant les assurances les plus solemnelles de leur désir sincère de conserver avec elles l'amitié et l'harmonie la plus parfaite, et de la cimenter plutôt que de la blesser par cette démarche etc.

L'art. 12 ajoute: mais si le cas malheureux existait, qu'une puissance, au mépris des traités et du droit des gens universel, ne voulût plus respecter les bases de la société et du bonheur général, et molester la navigation innocente des sujets de LL. MM. Danoise et Suédoise, alors celles-ci, après avoir épuisé tous les moyens de conciliation possibles, et fait des représentations

mis les lettres qui lui avaient été enlevées. M. de Montreuil s'en saisit, et l'ayant ouvert il mit les lettres dans sa poche, avec plusieurs autres adressées à M. de Sabran. Les gens du comte de Northumberland, surpris d'un procédé si hardi, ne dirent cependant mot: mais le comte étant rentré bientôt après, M. de Montreuil lui fit des reproches sanglans et emportés, sur ce que contre le droit des gens, il s'était permis d'arrêter son courrier et de lui enlever les lettres du roi son maître, demandant à la fois une réparation éclatante d'une pareille insulte. Le comte répondit que ce n'était pas de sa faute: et que les lettres avaient été portées chez lui, pour les communiquer aux députés des deux nations, auxquels il était obligé d'en répondre. Qu'il leur ferait part de ses plaintes, mais qu'il ne trouvait pas moins fort étrange que dans sa maison, lui, Montreuil, se fut permis de s'emparer et d'ouvrir un paquet qui n'était point adressé à lui. M. de Montreuil répartit, qu'il trouvait bien plus étrange encore que les Anglais osaient retenir un jour entier les lettres du roi de France, et qu'on ne voulût point que son ministre ouvrît un papier qui les enfermait, pour les reprendre. Le comte de Northumberland le pria de les lui rendre; mais M. de Montreuil lui dit d'un ton élevé, que l'outrage qu'il lui faisait en ce moment, en jugeant qu'il eût le coeur assez lâche, pour trahir les secrets et les intérêts du roi, son maître, était bien plus offensant que celui qu'il lui avait déjà fait en arrêtant son courrier, et en interceptant ses lettres. Qu'il était si éloigné d'acquiescer à une pareille demande, qu'il n'y avait point de dan-

Sentence de mort prononcée en 1603, par l'ambassadeur de France à Londres, contre une personne de sa suite.

En 1603, Henri IV envoya le marquis de Rosny (depuis duc de Sully) au roi Jaques, pour le complimenter sur son avénement au trône d'Angleterre. Le jour même de son arrivée à Londres, quelques gentilshommes de sa suite s'étant rendus dans une maison de débauche, prirent querelle avec des Anglais, dont un fut tué. Le peuple s'attroupa et ayant menacé de vouloir s'emparer des Français, ceux-ci se sauvèrent dans l'hôtel d'Arondel qu'habitait l'ambassadeur.

Le marquis de Rosny, instruit de l'événement qui venait d'arriver, s'assura aussitôt de l'auteur du meurtre, et s'étant retiré dans une des pièces de son appartement avec plusieurs seigneurs français qui l'avaient accompagné dans ce voyage, le coupable fut condamné à la mort, après que l'on eut retiré l'aveu de sa bouche. Il était le fils d'un des grands-audienciers de chancellerie, et d'une des meilleurs familles de Paris ce qui n'empêcha point l'ambassadeur, d'envoyer dire au maire de Londres, qu'il avait fait faire le procès au coupable; qu'il avait été condamné à la mort; et que les officiers de justice n'avaient qu'à le venir prendre pour faire exécuter la sentence.

Le maire envoya chercher le condamné, et le fit emmener pour exécuter la sentence; mais le comte de Beaumont-Harlay, ambassadeur ordinaire de France à Londres, qui s'était fortement opposé à

garde du pape, qui s'étaient cachés dans des maisons voisines, et qui malgré la résistance que l'on fit, arrêtèrent un nommé Hippolyte Pastena, un des principaux rebelles de Naples, et seize autres, qu'ils conduisirent en prison. L'ambassadeur se trouvant offensé de l'insulte que l'on avait osé faire à son carrosse, après en avoir délibéré avec les cardinaux Barberin et d'Ursin, fit courir le bruit, qu'il allait quitter Rome et s'embarquer sur les vaisseaux du prince Thomas; ordonna à sa fille de se préparer au voyage, et fit demander audience au pape pour l'instruire du sujet de son mécontentement et de son départ. Admis à l'audience, il se plaignit hautement contre la violence qui avait été faite à ses gens et à son carrosse, disant „que c'était une chose inouie „qu'un pareil procédé qui offensait à la fois la di- „gnité du roi son maître, et le droit des gens, capable „de faire rompre toutes les relations entre les prin- „ces; aussi" ajouta-t-il „ne pouvait-il se persuader „que ce fût de l'ordre de sa Sainteté qu'on l'eût fait, „mais bien à l'instigation de quelques ministres at- „tachés au parti espagnol." Il demanda au pape la mise en liberté des prisonniers, ainsi qu'une réparation de l'affront. Le pontif lui répondit „que c'é- „tait par son ordre que cette arrestation s'était faite, „et que puisque l'ambassadeur s'était permis de „protéger les criminels dans l'état de l'église, il de- „vait pour le moins être permis à lui, qui en était „le souverain, de les faire reprendre partout où ils se „rencontreraient; le droit et le privilège des ambas- „sadeurs ne devant pas s'étendre jusque là, d'autant „plus qu'il l'en avait fait avertir. L'ambassadeur

civiles, Taxis, ambassadeur de Philippe III, et après lui Balthazar de Zuniga, son successeur, avaient corrompu la fidélité d'un nommé l'Hoste, commis attaché au ministère du secrétaire d'état, duc de Villeroi, qui instruisit l'ambassadeur d'Espagne des résolutions du conseil du roi. L'intelligence ayant été découverte, on fit le procès à l'Hoste, qui eut la tête tranchée, sans que le roi de France portât plainte contre les menées de l'ambassadeur. Mais quelque temps après le roi fut instruit que le ministre d'Espagne n'en restait pas là et qu'il travaillait à porter ses sujets à la révolte.

Un gentilhomme provençal nommé Louis d'Alagon, baron de Mairargues, avait peu d'années avant, proposé au roi de France, d'entretenir toujours deux galères armées pour la sureté du port de Marseille, dont il reçut le commandement. Par ce moyen l'entrée de la ville lui était ouverte du côté de la mer; pour l'avoir du côté de la terre ferme, il avait su se faire nommer *Viguier* par les habitans de la ville, pour l'année suivante. Son dessein était de livrer Marseille aux Espagnols; mais ayant eu l'imprudence de s'en ouvrir à un forçat de ses galères qu'il avait reconnu homme d'esprit et entreprenant, celui-ci en fit instruire le duc de Guise qui en donna avis au roi.

Mairargues fut arrêté avec un nommé Bruneau, secrétaire de l'ambassadeur d'Espagne, qui se trouvait avec lui et sous les jarretières duquel on trouva tout le plan de la conspiration: se voyant ainsi convaincu et pris en flagrant délit, il ne fit plus de difficulté de tout confesser; Mairargues fut condamné par arrêt du parlement de Paris à avoir la tête tran-

fois à ce dernier de le faire sortir du royaume. Voyez DE RÉAL, *Science du gouvernement*, T. V. Sect. IX. WICQUEFORT, *L'ambassadeur et ses fonctions*, T. I. Sect. 27.

Difficulté qui s'éleva en 1680, *pour les priviléges de l'ambassadeur de France à Madrid.*

Les ministres étrangers avaient à Madrid deux priviléges. Le premier était d'avoir un arrondissement autour de leur palais, dans lequel aucun officier de justice ne pouvait exercer ses fonctions sans la permission de l'ambassadeur, ni même passer avec le signe de sa charge, qui est une baguette blanche. L'autre privilège était une exemption des droits d'entrée pour les objets de la consommation de l'ambassadeur.

Cette dernière exemption ayant amené des abus, fut convertie en une somme annuelle de seize mille francs, donnée à chaque ambassadeur par le roi d'Espagne. Mais quant à l'exemption de justice des ministres étrangers, elle avait été observée avec tant de rigueur, que quelques-uns avaient fait pendre des officiers de justice, pour avoir violé ce privilège, et les plus modérés les avaient fait maltraiter. Il arriva que sur la fin de Janvier 1680, le corrégidor de Madrid, accompagné de ses *alguazils*, passa en plein jour dans le quartier de l'ambassadeur de France, marquis de Villars, qui n'en fut averti qu'après son passage; mais il ne laissa pas

„ment on laissât les choses dans le même état, jus-
„qu'à ce qu'il pût recevoir les ordres de sa Majesté."

Le secrétaire d'état adressa à l'ambassadeur une seconde note, portant „que le roi ayant vu sa ré-
„ponse, persistait dans sa première résolution, et
„lui ôtait à l'avenir les immunités et franchises du
„quartier.

La cour de France en fut fort blessée, et chargea son ambassadeur de demander à celle d'Espagne une satisfaction publique, comme d'une injure personnelle qui lui était faite.

Le duc de Médina-Céli, premier ministre, répondit au marquis de Villars, qu'en 1671, le roi d'Espagne avait déclaré, que les ambassadeurs et ministres des princes étrangers qui étaient à Madrid n'avaient point de quartier privilégié; que s'ils en avaient joui depuis, ce n'avait été que par tolérance, mais qu'afin que celui de France n'eût pas sujet de se plaindre, on ferait à tous les autres ambassadeurs la même déclaration qu'on lui avait faite.

L'ambassadeur répondit, „qu'une pareille satis-
„faction lui paraîassit plutôt une injure; que l'am-
„bassadeur de France, d'après les liens qui unissaient
„les deux cours, pouvait bien attirer des graces aux
„autres ambassadeurs, mais non pas leur faire per-
„dre les avantages qu'ils avaient déjà; qu'il ignorait
„la déclaration de 1671; que depuis, il avait été
„plus de deux ans à Madrid, ambassadeur avec tous
„ses privilèges, qu'on ne les ôtait présentement qu'à
„lui seul, et qu'il en demandait le rétablissement
„d'une manière qui pût satisfaire le roi son maître."

Le lendemain, le marquis de Villars eut au-

Différend survenu en 1688, entre la cour de Rome et celle de France, au sujet des franchises.

Il y avait à Rome, par concession, abus ou tolérance, des palais et même des quartiers assez étendus exempts de la juridiction du pape, et dans lesquels le fisc et la justice ne pouvaient remplir leurs fonctions envers les banqueroutiers, les contrebandiers et même envers les voleurs. Les hôtels de certains ambassadeurs, et notamment celui de l'ambassadeur de France, jouissaient de ces franchises ou immunités, que plusieurs papes avaient tenté d'abolir; mais ces ambassadeurs s'y étaient toujours refusés, ou avaient éludé les ordonnances pontificales. Innocent XI entreprit sérieusement l'abolition de ces privilèges, comme aussi contraires à la dignité du souverain local, qu'opposés aux intérêts du fisce et aux droits de la justice. Après avoir déterminé l'empereur, et les rois d'Espagne, de Pologne et d'Angleterre à consentir à leur suppression, il proposa à Louis XIV de concourir comme ces princes à la tranquillité et au bon ordre de Rome; mais ce monarque répondit: „Qu'il ne „s'était jamais réglé sur l'exemple d'autrui, et que „c'était à lui a servir d'exemple.“

Le pape déclara alors aux têtes couronnées que, déterminé à tolérer l'abus à l'égard des ambassadeurs qui étaient actuellement à Rome, il s'était décidé à n'en admettre aucun à l'avenir, avant qu'il eût renoncé à la franchise des quartiers.

Le duc d'Estrées, ambassadeur de France à

soumise à l'interdit, par le motif que Lavardin, notoirement excommunié, avait été admis par le curé et les prêtres de cette église à y faire ses dévotions.

Lavardin fit publier le lendemain une protestation dans laquelle il déclarait qu'il ne pouvait croire qu'une pareille sentence fût émanée du pape: „Attendu qu'il n'était pas vraisemblable que sa „Sainteté eût voulu sans forme, ni cause, ni „motif, et sans l'avoir entendu, interdire l'église „de Saint-Louis et le qualifier de notoirement ex-„communié, avant qu'il eût rien fait qui pût attirer „la censure, et qu'on eût pu même savoir les ordres „dont il était chargé par S. M. Tr. Chr.; que d'ail-„leurs, son caractère représentant la personne sa-„crée d'un si grand monarque, le devait toujours „mettre à l'abri d'une excommunication; et qu'ainsi „il présumait qu'il n'y avait aucune personne de „bon sens qui regardât l'ambassadeur comme at-„teint par l'excommunication; qu'il protestait donc „de nullité de tout ce qui pouvait avoir été fait, ou „être à l'avenir prononcé, publié ou affiché contre „sa personne, sa famille, ses domestiques ou au-„tres etc.“

Achilles de Harlay, procureur-général du parlement de Paris, interjeta appel comme d'abus de la bulle d'excommunication, le 26 de Décembre 1688; et le jour suivant, la grand'-chambre et la Tournelle étant assemblées, Dénis Talon, avocat-général, portant la parole dit: „Que sa Saintété, jalouse de signa-„ler son pontificat par quelque nouveauté fastueuse, „avait conçu, contre tout droit, le dessein de détruire

princes, se prêta à lever l'interdit sur l'église de Saint-Louis; mais il refusa la médiation de Jaques II, roi d'Angleterre, et celle de la république de Venise, disant: „que les droits de l'église ne pouvaient être mis en arbitrage, et qu'il ne reconnaîtrait point Lavardin pour ambassadeur, jusqu'à ce „qu'il eût reçu la satisfaction due à sa souverainęté „offensée."

Dans cet état de choses le marquis de Lavardin, rappelé par sa cour, partit de Rome. En partant il fit ôter de son palais les armes du roi, et déclara publiquement qu'il n'avait plus ni franchise, ni titre royal.

C'est dans ces dispositions opiniâtres que mourut, en 1689, le pape Innocent XI. Le roi sentant la nécessité de montrer quelque condescendance envers son successeur, le cardinal Ottoboni, qui prit le nom d'Alexandre VIII, commença par consentir à la réduction du droit d'asile et d'immunité pour l'hôtel de son ambassadeur à Rome; et le 3 de Novembre 1689, il ordonna la restitution du comtat Venaissin et d'Avignon. Le neauveau pontife, quoique plus rapproché de la France, refusa la confirmation aux évêques nommés par le roi, et condamna par une bulle du 4 d'Août 1690, les articles décrêtés par le clergé de France dans les assemblées de 1681 et de 1682.

L'accommodement définitif n'eut lieu qu'en 1693, sous le pape Innocent XII, Pignatelli, par une cession mutuelle de prétentions.

Cette contestation donna lieu à des observations opposées. Les partisans de la France disaient que

Différend survenu en 1702, entre le comte de Chamilli, ambassadeur de France, et M. de Sehested, ministre de cabinet du roi de Danemark.

Il s'éleva au mois de Juin 1702, un démêlé très-vif entre le comte de Chamilli, ambassadeur de France à Copenhague, et M. de Sehested, ministre de cabinet du roi de Danemark. Ce démêlé provint de ce qu'un comte de Schlieben, s'étant engagé à lever un régiment pour le service de Danemark, après avoir touché l'argent pour cette levée, l'avait dissipé sans faire aucun enrôlement, et la cour de Danemark l'avait fait arrêter. S'étant évadé au moment de sa détention, il fut poursuivi par ses gardes qui le rejoignirent près de l'hôtel du comte de Chamilli. Les domestiques de celui-ci le dégagèrent, non sans grande rumeur, des mains des gardes. Le comte de Chamilli, s'étant mis à la fenêtre, déclara que Schlieben, se réfugiant dans son hôtel, était sous sa protection, et les gardes, malgré leurs réclamations, furent obligés de se retirer. Le comte de Chamilli fit dresser dans son hôtel un procès-verbal de ce qui s'était passé, et fit interroger et déposer, après serment, un des gardes et les sentinelles danoises qui étaient devant sa porte. Ensuite il écrivit au secrétaire d'état Sehested, pour demander satisfaction sur ce que les gardes de Schlieben avaient violé le respect dû à son hôtel. M. de Sehested lui répondit par la lettre suivante :

N° II.

Réponse du comte de Chamilli.

J'ai reçu, Monsieur, la lettre que vous avez pris la peine de m'écrire, du 24 du passé, dont le style m'a paru si vandale, que je me persuaderais aisément que vous l'avez prise dans quelque archive du temps du roi Dan, si le peu d'expérience que vous avez encore dans votre charge vous avait permis de prendre connaissance de ces siècles si reculés, dont il vous plait de ramener la dureté, sous un prince d'un caractère si différent, dont l'honnêteté et les manières gracieuses sont les premiers traits de son portrait. C'est pourquoi je vous prie, Monsieur, s'il vous arrive d'avoir à m'écrire, que vous le consultiez, non seulement sur les choses que vous devez me mander, mais encore sur la manière de le faire, dont il s'est certainement rapporté à vous dans cette occasion. Mais de quelque manière que vous vous en soyez acquitté, le respect et l'attachement que j'ai pour S. M., et l'indifférence où je suis pour toute autre approbation que la sienne, m'obligent à détruire par cette réponse, les mauvaises impressions qu'on travaille depuis si long-temps à lui donner de moi.

J'ai deux choses à dire pour cela; l'une générale, qui est, que depuis que j'ai eu l'honneur d'être auprès de sa personne, je n'ai eu que deux reproches du roi, mon maître: l'un d'avoir témoigné trop de partialité pour les intérêts du Danemark, dans le temps que j'étais chargé de la médiation de ses différends avec d'autres puissances, auxquelles le roi, mon maître, trouvait que je me rendais légitimement suspect, en soutenant avec trop de chaleur, la justice qui me paraissait se trouver dans le parti danois contre l'oppression qu'on lui voulait faire.

L'autre reproche a roulé, sur ce que je n'avais pas quelquefois repoussé avec assez de hauteur, les mauvaises chicanes qu'on m'a tant de fois suscitées dans cette

rêts, a très long-temps résisté contre les mauvais conseils d'une cabale. Ce sera donc à eux, Monsieur, qu'il faudra imputer la mauvaise intelligence que vous m'accusez mal à propos de fomenter, et il ne faudra, pour en convaincre le roi, mon maître, que lui envoyer la lettre que vous m'avez écrite, d'après laquelle il ne pourra douter de quel côté sont les mauvais procédés. Je voudrais qu'il me fût aussi facile de découvrir la vérité aux yeux du roi votre maître; il serait persuadé de mon respect et de mon attachement pour sa personne, et du zèle que j'ai toujours eu pour affermir et augmenter la bonne intelligence entre le roi mon maître, et lui; et il verrait aussi combien ces sentimens m'ont aliéné les esprits dans sa cour, et qu'il n'a pas tenu à moi que je ne puisse toujours me dire, Monsieur, votre etc.

Cette lettre peu mesurée ne réussit point, et le comte de Chamilli fut peu après rappelé par sa cour, qui ne laissa à Copenhague qu'un secrétaire de légation. — Voyez *Hist. gén. de la dipl. française,* T. IV, Liv. VI.

des chaines à ses carrosses, pour servir de traits aux chevaux, et les avait fait couvrir de cuir, pour que l'on ne s'en appercût point. Dès que les carrosses de ces deux ambassadeurs se rencontrèrent, les gens de M. de Vatteville se jettèrent sur les chevaux du comte d'Estrades et en coupèrent les traits, en tuèrent plusieurs, et blessèrent même mortellement deux des cochers de l'ambassadeur, après quoi le carrosse de M. de Vatteville s'avança, et prit de cette manière la première place. Le comte d'Estrades au contraire n'eut d'autre parti à prendre que celui de s'en retourner à son hôtel.

Le roi de France, dès qu'il fut informé de cette affaire, donna ordre au comte de Fuensaldagne, ambassadeur de S. M. Cath., de se retirer de sa cour, et de défendre l'entrée du royaume au marquis de la Fuente, son successeur, qui était en route pour se rendre en France; en même-temps il écrivit une lettre très-forte au roi d'Espagne pour lui demander une satisfaction publique et éclatante. À son refus il résolut de rappeler l'évêque d'Embrun, son ambassadeur à Madrid, voulant rompre avec l'Espagne. Ayant conféré à ce sujet avec son conseil, surtout avec le vicomte de Turenne, qui devait commander les troupes qu'il voulait mettre en campagne, celui-ci dit au roi, après l'avoir remercié de l'honneur qu'il lui faisait de vouloir le mettre à la tête de ses armées: „Qu'il suffisait à S. M. d'avoir „témoigné son ressentiment, sans pousser les cho- „ses à l'extrémité; que les Espagnols n'étant pas en „état de recommencer la guerre, il n'y avait guère „d'apparence, que sur une chose si injuste ils voulus-

rénonciation expresse de sa prétention à la préséance, que les rois de France avaient toujours eue sûr ceux d'Espagne, et dans laquelle il était résolu de se maintenir. Il fallut que Philippe IV en passât par là, et qu'il fît la déclaration positive et solemnelle demandée. Elle eut lieu le 24 de Mars 1662. Le marquis de Fuente étant venu a Paris pour s'acquitter d'une commission si mortifiante, revêtu du caractère d'ambassadeur extraordinaire, et ayant demandé audience, le roi convoqua les ministres étrangers, les princes du sang et les grands du royaume, dans le grand cabinet du Louvre, où l'ambassadeur fut introduit. Là, en présence de cette assemblée que le roi voulut en avoir pour témoin, et des quatre secrétaires d'état qui en prirent acte, il dit: „Que le roi son maître l'avait envoyé pour desavouer de sa part l'insulte que le baron de Vatteville avait faite au comte d'Estrades, ambassadeur „de S. M. en Angleterre. Que le roi d'Espagne, son „maître, en était fâché, et que pour témoigner le dé„plaisir qu'il en avait, il avait rappelé le baron de „Vatteville avec ordre de s'en retourner en Espagne. „Qu'il avait aussi ordre d'assurer S. M. Tr. Chr., que „le roi Catholique avait envoyé ses ordres à tous ses „ambassadeurs et ministres, tant en Angleterre qu'en „toutes les cours et autres lieux où ils résident et „résideront, et où de pareilles difficultés pourraient „se présenter pour raison de la préséance, de s'ab„stenir de s'y trouver, et de ne point entrer en con„currence avec les ambassadeurs et ministres de S. „M., dans toutes les fonctions et cérémonies publi„ques où ils assisteraient.“

rumeur parmi les habitans, dont la majorité était calviniste. Le 4 de Décembre le peuple s'étant attroupé près de l'hôtel du résident, un particulier tira d'une maison voisine, un coup de pistolet sur une galerie où il se trouvait; et ce coup de pistolet fut suivi de deux coups de fusil, après que le résident, qui se trouvait en ce moment avec deux religieux chartreux, fut rentré dans son appartement.

M. de Chauvigny s'étant incontinent transporté à l'hôtel de ville, entra brusquement dans la chambre du conseil, et demanda trois choses: 1) que l'on donnât ordre à l'instant, de fermer les portes de la ville; 2) qu'on envoyât sans délai un corps de garde chez lui, pour y maintenir le respect dû au roi; 3) que l'on fît avec grand soin la recherche de celui qui avait tiré le premier coup, et qui avait répondu par des menaces, aux reproches qu'on lui avait faits. Ces demandes furent accordées, et le criminel arrêté.

Le roi écrivit aux magistrats de la ville de Genève, qu'il voyait avec plaisir qu'ils étaient étrangers à cet événement, et qu'il agréait qu'ils accordassent la grace aux coupables. Les prisonniers ayant été amenés, et le plus criminel d'entre-eux s'étant mis à genoux, Dupan, premier syndic, lui annonça la grace dont le roi voulait bien le faire jouir, quoiqu'il fût digne du dernier supplice. Le résident fut reconduit chez lui aux applaudissemens universels, et le dénouement de cette affaire fit beaucoup d'honneur à la modération du ministère français. Chauvigny ayant été rappelé en 1680, fut remplacé par Dupré.

faires étrangères, qui jugea que sans attendre aucun ordre, il fallait rendre les chevaux à l'ambassadeur.

Le lieutenant-civil, pour justifier sa conduite, dit, que lorsque les ambassadeurs avaient eu l'audience de congé, l'on avait coutume de saisir pour dettes hors de leur maison.

L'ambassadeur Venier, et son successeur Erizzo, demandèrent au roi par la voie du Nonce:

1) Que le lieutenant-civil fût suspendu de ses fonctions;

2) Que l'assignation fût révoquée, et que le procureur, l'huissier et le sergent qui y avaient coopéré, fussent mis en prison;

3) Que les ambassadeurs de Venise iraient trouver le ministre des affaires étrangères, et lui demander que l'on conservât au lieutenant-civil sa charge, et que le procureur, l'huissier et le sergent seraient mis en liberté;

4) Que le lieutenant-civil irait en robe, remercier les ambassadeurs.

Le roi, voulant donner pleine satisfaction aux ambassadeurs de Venise, décida: „Que l'huissier et „le sergent seraient emprisonnés pour s'être com„portés insolemment; que le lieutenant-civil serait „tenu de faire biffer de dessus ses registres, l'ordon„nance qu'il avait rendue, portant assignation à l'am„bassadeur à comparaître, et qu'il irait en personne „lui faire des excuses."

De plus, le roi ajouta au ministre des affaires étrangères, qu'il ferait une forte réprimande au lieutenant-civil, sur ce qu'il n'avait pas fait prévenir l'ambassadeur de Venise avant de l'assigner à comparaître.

Pidou de Saint-Olon, envoyé extraordinaire du roi à Gènes, avait déclaré de sa part, que si la république faisait mettre ces bâtimens en mer, la France regarderait cette conduite comme une hostilité, et ordonnerait à ses vaisseaux de les saisir partout où ils se trouveraient. Après cette menace que les Génois regardèrent comme une insulte faite à leur indépendance, ils ne gardèrent plus de ménagemens envers Saint-Olon. Ses domestiques furent insultés; on chassa de la ville le religieux, confesseur de sa femme; on mit à l'amende son médecin, son chirurgien et son apothicaire, qui étaient Génois, et on attenta même à sa vie. Saint-Olon de son côté, se permit des vivacités peu dignes de son rang, et donna publiquement des coups de bâton à des Génois, quoiqu'il existe des armes plus nobles pour le ministre d'un grand roi.

Les galères ayant été achevées et mises en mer, Saint-Olon prit son audience de congé, d'après l'ordre de sa cour, et partit de Gènes. Le 15 de Mai 1684, la guerre fut déclarée à la république, et peu après, une escadre française aux ordres de Duquesne, parut devant Gènes. Le sénat députa six sénateurs qui se rendirent à bord du vaisseau commandant où se trouvait le ministre de la marine, Seignelai, lequel leur déclara, qu'il voulait bien leur laisser le temps de recourir à la clémence du roi, les assurant qu'ils pouvaient encore compter sur sa protection pourvu que le sénat envoyât près du roi quatre de ses principaux membres, pour lui demander sa bienveillance et l'oubli du passé; qu'en outre, on remettrait à la France les quatre galères que la

Les Génois (art. III.) s'obligeaient à remettre leur marine sur le pied où elle était le 1 Janvier 1683.

En conséquence de ce traité, le doge Lascari, accompagné des quatre sénateurs, Garibaldi, Durazzo, Lomellini et Salvago, et de huit autres gentilshommes qualifiés, se rendit à Paris. Il garda plusieurs semaines *l'incognito*, afin de faire préparer ses équipages, qui furent d'une grande magnificence. Le 15 de Mai il se rendit à l'audience du roi: dès qu'il l'eût apperçu il se découvrit, avança de quelques pas, et fit ensuite, ainsi que les sénateurs, deux profondes révérences au roi, qui se leva en ôtant un peu son chapeau. Après quoi le monarque leur fit signe d'approcher, comme en les appelant de la main. Le doge alors monta sur le premier degré du trône: le roi et lui se couvrirent, et le doge adressa au roi, en italien, le discours suivant:

„Sire, ma république a toujours tenu pour ma-„xime fondamentale, de se signaler par le profond „respect qu'elle porte à cette puissante couronne que „V. M. a reçue de ses ancêtres, et qu'elle a élevée à „un si haut degré de force et de gloire, par des „actions étonnantes, que la renommée, qui dans tout „autre sujet ordinairement exagère, ne pourra, „même en les diminuant, les rendre croyables à la „postérité.“

„Ces prérogatives si sublimes qui obligent tous „les états à les considérer et à les admirer avec une „soumission très-profonde, ont particulièrement „porté ma république à se distinguer par-dessus „tous les autres, en la témoignant de telle manière

„comme de tous les citoyens génois, lesquels atten-„dent avec impatience les marques que V. M. voudra „bien leur donner du retour de sa bienveillance.“

Le roi répondit: „Qu'il était content des sou-„missions que lui faisait faire la république de Gê-„nes; que comme il avait été fâché d'avoir eu sujet „de faire éclater son ressentiment contre elle, il était „bien aise de voir les choses au point où elles étaient, „parce qu'il croyait qu'à l'avenir, il y aurait une „très-bonne intelligence; qu'il voulait se la promet-„tre de la bonne conduite que la république tien-„drait à l'avenir, et que l'estimant beaucoup, il lui „donnerait dans toutes les occasions des marques de „sa bienveillance.“

À l'égard du doge, S. M. parla de son mérite personnel, lui faisant connaître qu'elle lui donnerait avec plaisir des témoignages de l'estime particulière qu'elle en faisait.

Après cette réponse du roi, les quatre sénateurs firent leur harangue séparée, et S. M. répondit à chacun en particulier (1). Voyez, *Histoire générale*

---

(1) Le doge conserva toujours, malgré la singularité de son rôle, un air civil et spirituel. Sa contenance n'avait rien d'embarrassé, et il montra de la dignité sans morgue, et de l'abaissement sans bassesse. Ce fut lorsqu'il se rendit à Versailles pour visiter ce qui y était le plus digne de curiosité, que quelqu'un lui demandant ce qui le frappait le plus en France, il répondit par ce mot fin: „C'est de m'y voir.“ Le roi lui fit présent de son portrait garni de diamans, et de plusieurs riches teintures. Les sénateurs eurent des présens semblables, mais de moindre prix. La soumission de la république de Gênes fut le sujet d'une médaille. On y voit le roi debout sur le marche-pied de son trône, et devant lui, le doge avec ses quatre sénateurs en posture de

La prière en fut faite au roi dans une audience publique qu'il accorda le 29 de Décembre 1702, au nonce Gualtieri.

Le lendemain, l'ambassadeur extraordinaire de Venise, Pisani, dans une audience encore plus solennelle, présenta au roi une lettre de la république dans laquelle elle lui témoignait le désir de perpétuer la bonne harmonie, et le déplaisir qu'elle ressentait que quelques procédures de justice eussent déplu à sa majesté. Le roi répondit avec autant de fermeté que de dignité. Voyez DE FLASSAN *Hist. gén. de la dipl. française,* T. IV, L. VI.

Insulte faite en* 1708, *à la gondole du comte de Manchester, ambassadeur d'Angleterre à Venise.

Le comte de Manchester, ambassadeur de la reine Anna auprès de la république de Venise, étant en 1708, sur le point de partir pour s'en retourner en Angleterre, quelques uns de ses domestiques se laissèrent gagner par un marchand, à charger dans la gondole de l'ambassadeur plusieurs *colli* de draps d'Angleterre arrivés par un vaisseau anglais en station à Malamoque, pour les transporter secrètement au magasin du propriétaire. Les douaniers vénitiens en ayant été avertis, arrêtèrent la gondole, la visitèrent, et l'ayant trouvée chargée de contrebande, l'amenèrent et en firent la déclaratien aux autorités. Le comte de Manchester ayant

obligée de céder aux demandes de l'ambassadeur, et de condamner les commis de la douane qui avaient arrêté la gondole du ministre, aux galères.

La république espérait que l'ambassadeur se contenterait de la seule condamnation; mais lord Manchester déclara que cela n'était pas en son pouvoir; et que puisque l'insulte avait été commise non en parole, mais par voie de fait, il fallait que la satisfaction le fût de même. En conséquence l'exécution eut lieu, et les onze condamnés furent conduits de leur prison à la galère appelée *la Fusta*, où ils furent enchaînés. Le commis principal avait deux écritaux attachés sur la poitrine et sur le dos, avec cette inscription „*Condamnati in galera, per aver violata la barca dell' ambasciadore della Grande-Bretagna.*" Le même jour, M. Cole, secrétaire d'ambassade, se rendit à l'île du St. Esprit, située à deux milles de Venise, où par ordre de la république, on lui rendit les vingt neuf et demi pièces de drap qui avaient été enlevées de la gondole. Sur les instantes prières des femmes et des enfans des condamnés, l'ambassadeur d'Angleterre se rendit au palais du doge, et demanda leur pardon; ce qui lui fut accordé; il fit distribuer après les pièces de drap aux quatre principaux hopitaux de la ville. Voyez, *Lettres historiques*, T. 33.

était un nommé Jaques-Armand Petit, se qualifiant de conseiller et avocat, et demeurant rue de *l'arcade* proche Notre-Dame; que les autres étaient trois brigadiers et trois commis; que lui déposant, s'appelait Prévot, et demeurait au cimetière de St. Jean; qu'on l'avait appelé ce matin pour aller avec les autres susnommés à l'hôtel d'Hollande, où, à ce qu'on lui avait dit, le suisse vendait du tabac rapé. Il a déclaré, que ses camarades avaient blessé le suisse, quoique celui-ci, qui était en robe de chambre ne les eût point insultés, ni ait pû se défendre, et qu'au reste il demandait pardon d'être entré dans l'hôtel. Sur quoi M. de Larrey a aussitôt fait relâcher ledit Prévot.

(signé.) J. DE WELLER, Secrét.

M. de Larrey envoya le même jour ce procès-verbal au marquis de Puisieulx, ministre des affaires étrangères du roi de France en l'accompagnant de la note suivante.

No. II.

Lettre de M. de Larrey, adressée au marquis de Puisieulx pour accompagner le procès-verbal ci-dessus.

Monsieur, j'ai l'honneur d'adresser à Votre Exc. les informations que je viens de faire prendre à l'occasion d'une scène très-désagréable, arrivée ce matin. Je ne puis me dispenser de lui en porter mes plaintes, et je suis assuré qu'elle ne se refusera pas à me procurer une satisfaction proportionnée à l'insulte et à la violence commises contre moi. J'ai l'honneur d'être, etc.

Paris, le 21 Mai 1749.

(signé.) DE LARREY.

Le lendemain, le marquis de Puisieulx, après avoir informé le roi de cet événement, fit à M. de Larrey la réponse suivante.

vante, le marquis de Puisieulx fit connaître à M. de Larrey les ordres du roi.

N°. IV.

Lettre du marq. de Puisieulx, adressée à M. de Larrey.

J'ai rendu compte au roi, de la violence qui a été faite, Monsieur, dans votre maison, par les commis des fermes, ayant à leur tête le sieur Petit, conseiller de l'élection. S. M. a ordonné sur le champ, que les commis fussent chassés de leurs emplois et mis en prison. Le conseiller sera interdit de ses fonctions et conduit au fort l'Evêque. Quatre fermiers-généraux, après avoir pris votre heure, se rendront chez vous, pour vous assurer que la compagnie n'a rien su de ce qui s'est passé dans la maison du ministre de LL. HH. PP. le 21 de ce mois, et vous marquer combien elle a été peinée lorsqu'elle l'a appris. Une réparation si prompte, est une preuve éclatante des sentimens de S. M. envers les États-Généraux, ainsi que de son attention à maintenir le droit des gens et à ne pas permettre que ses sujets s'écartent des justes égards qu'ils doivent à la personne des ministres étrangers qui ont l'honneur de résider auprès d'elle. Je suis etc.

DE PUISIEULX.

M. de Larrey se rendit peu de jours après à Versailles pour témoigner au marquis de Puisieulx combien il était sensible à la bonté du roi au sujet de cette affaire. Les ordres du roi furent exécutés, mais le ministre d'Hollande pria M. de Puisieulx d'intercéder pour les coupables auprès de S. M.

nullement, que LL. HH. PP. sensibles aux dispositions favorables que la cour a fait paraître dans cette affaire, ne me donneront des ordres exprès pour lui en marquer leur reconnaissance. J'ai l'honneur en mon particulier, de témoigner à V. Exc. toute l'étendue de celle que j'en conserve; me flattant, que S. M. en égard à ma très-humble intercession, voudra bien absoudre le coupable et le faire rétablir dans sa fonction. C'est pour donner des marques authentiques des sentimens dont je fais profession, que j'ai fait signifier à tous mes domestiques sans exception, que le premier d'entre-eux qui se trouvera après dix heures du soir, hors de la maison, sans mes ordres, en sera châtié, et que venant à être enveloppé dans quelque aventure pareille à celle dont il s'est agi, il ne sera fait nulle attention au droit qu'il pourrait avoir; mais que la livrée lui sera d'abord ôtée, et qu'il sera mis hors de ma maison. J'ai l'honneur d'être etc.

L. DE MARTEVILLE.

Le bas-officier de la garde de nuit fut conduit après, par le lieutenant du guet, chez M. de Marteville, auquel il demanda pardon dans les termes les plus soumis, et le remercia de sa généreuse intercession, en promettant de réparer par sa bonne conduite, la faute qu'il avait commise. Voyez, le *Merc. hist. de* 1752, T. II.

Insulte faite en 1752, *à l'hôtel du ministre de Suède à Pétersbourg, et satisfaction qu'on lui donna.*

Un détachement de trente soldats sous les ordres d'un officier, se rendit à l'hôtel du baron de Greiffenheim, ministre de Suède à Pétersbourg. Tan-

chef de la chancellerie établie pour empêcher la vente clandestine de l'eau de vie et de la bierre, le ministère de S. M. Impér. de toutes les Russies a cru devoir informer Messieurs les ministres des puissances étrangères, que S. M. Imp. par une suite naturelle de sa façon de penser, de son amour pour la justice et en particulier de ses sentimens d'amitié et d'estime pour S. M. le roi et le royaume de Suède, n'a pû apprendre cet événement qu'avec beaucoup d'indignation et avec tout le mécontentement possible. Et afin que M. l'envoyé extr. de Greiffenheim en fût exactement informé, et qu'il ne pût douter en même temps qu'on ne lui donne une entière satisfaction, S. M. Imp. a ordonné le lendemain matin à son maître des cérémonies, de l'aller trouver de sa part, et de lui faire connaître combien elle était indignée et combien elle avait de regret, que contre son intention, il lui fût arrivé un accident aussi fâcheux, et que S. M. Imp. voulant que prompte réparation lui en fût faite, dès le premier avis, avait donné ses ordres pour amener à la cour le chef de ladite chancellerie, lequel, après avoir été interrogé, avait immédiatement été mis aux arrêts, et envoyé au sénat avec ordre d'y instruire son procès, et de lui infliger la punition qu'il avait méritée. Messieurs les ministres étrangers étant instruits de ce que dessus, voudront bien en rendre compte à leurs cours respectives.

BESTOUCHEFF.

Peu de jours après, le ministère impérial fit notifier au baron de Greiffenheim: „Que comme cette „insulte avait été commise par la précipitation du „lieutenant-colonel Posnakoff, qui avait outrepassé „le devoir de sa charge, par laquelle il était seulement chargé de veiller à ce qu'il ne se commît point „de fraude au préjudice de la ferme des boissons, S. „M. Imp., pour le punir de cette violation du droit

Insulte faite en 1777, à l'ambassadeur d'Autriche à Venise, et satisfaction qui lui fut donnée par la république.

Le comte de Durazzo, ambassadeur d'Autriche, rentrant de la campagne qu'il habitait, située à deux lieues de Venise, en ville, sa barque fut attaquée par des *sbirres de mer*. Sur le refus que firent ses gens de s'arrêter et de laisser approcher les *sbirres*, ceux-ci se jettèrent sur eux avec violence, blessèrent trois des gondoliers à coups de rames, et menacèrent avec leurs fusils tous ceux qui étaient dans la barque, et ne se retirèrent à la fin, qu'après que l'ambassadeur, voyant qu'il n'y avait pas d'autre moyen, leur eût parlé lui-même pour les persuader. Ce ministre ayant fait sur cette atteinte portée à son caractère, les représentations convenables, le sénat fit arrêter les coupables, et informa l'ambassadeur de la satisfaction qui lui avait été donnée, par le mémoire suivant.

Mémoire adressé par le sénat de Venise à l'ambassadeur d'Autriche.

Aux Prégadi, le 15 Nov. 1777.

M. le comte, à peine avons nous appris par votre mémoire du 29 du mois dernier, l'attentat que votre gondole avait essuyé le soir précédent dans les eaux de *S. Secondo*, qu'il a d'abord été donné ordre d'arrêter les six coupables; et l'on a fait les perquisitions que vous aviez demandées par votre mémoire. Après un court intervalle, que les circonstances ont exigé, nous sommes à présent en état non seulement de vous donner des preuves manifestes de notre désaveu le plus formel et de notre déplaisir, ainsi que nous l'avons déjà

tes de la part de ses créanciers, contre sa succession, un homme qui avait 900 livres à prétendre, fit saisir les loyers qui pouvaient être dûs par l'ambassadeur de Sardaigne, et fit assigner en même temps ce ministre devant le lieutenant-civil du châtelet de Paris, pour faire son affirmation sur les causes de cette saisie. L'exploit fut donné à son suisse pendant que le comte de Maffëi était à la campagne. Ce ministre en porta plainte au gouvernement. Pour s'excuser, l'huissier disait qu'il n'avait pas cru manquer au respect dû à l'ambassadeur, parceque l'affaire pour laquelle cette assignation avait été donnée ne le regardait pas personnellement; et que d'ailleurs on ne pouvait pas aller à Turin faire des poursuites pour une si petite somme, et pour le même fait pour lequel les héritiers du propriétaire de la maison qui étaient parties principales, avaient été assignés au châtelet dont ils étaient justiciables.

Le roi de France fit arrêter l'huissier, et ne le fit sortir de prison qu'au bout de six semaines, à la prière de l'ambassadeur; mais il l'exila à Nantes, et cet huissier n'en revint au bout de quelque temps, que sur les instances réitérées du ministre de Sardaigne. Voyez, *ibid.*

Le roi de Prusse envoya en 1740, le colonel Creitzen, pour négocier auprès du prince évêque de Liège, sur un différend qu'il avait avec ce prince au sujet de la souveraineté de la ville de Herstall. Un paysan, sujet de l'évêque de Liège, auquel cet officier devait de l'argent, fit mettre par voie de justice arrêt

ne crut pas cette satisfaction suffisante, et voulant donner au roi des marques de sa grande affection, fit aussitôt arrêter l'officier et les soldats, dont il fit instruire le ministre, qui toutefois intercéda pour leur relâchement. L'officier-commandant eut ordre de se rendre avec le baillif Solare chez M. d'Andrada, pour lui demander pardon et lui faire ses excuses de l'insulte qu'on lui avait faite. Voyez le *Merc. hist. de* 1752. T. I.

Les ministres de France à Gênes étaient en possession depuis un temps immémorial, de ne point permettre aux *sbirres* ou soldats de police, de passer devant leur hôtel. En 1759, le chevalier de Chauvelin, envoyé extraordinaire du roi à cette cour, informé que plusieurs *sbirres* avaient paru devant son hôtel, chargea ses gens d'y veiller et de s'y opposer. Un homme que l'on prit pour un sbirre, vint à passer, et quoique averti de retourner en arrière, il s'obstina à continuer son chemin. Les gens du chevalier de Chauvelin se jetèrent sur lui et le maltraitèrent. On sut ensuite que ce n'était pas un *sbirre*, mais le gardien d'une des portes de la ville. Le gouvernement génois en fit porter plainte à l'envoyé de France; et celui-ci, reconnaissant que ses domestiques l'avaient trompé, voulut que ceux d'entre eux qui avaient pris part à cette affaire, se rendissent en prison; ils furent remis à la disposition du magistrat, qui sur le champ fit prier M. de Chauvelin de leur rendre la liberté. Voyez, *ibid.*

---

viron 40,000 piastres. Voyez, le *Merc. hist. de* 1769, T. I.

En 1771, trois individus de la milice turque, attaquèrent le sabre à la main, un Arménien qui passait à Péra devant le palais du ministre d'Autriche, le baron de Thugut. L'Arménien s'y réfugiant, deux d'entre eux le poursuivirent jusqu'à la porte de l'hôtel, et le troisième eut même l'audace de le poursuivre jusques dans le palais même, où il brisa les vitres de la loge du suisse. Les janissaires préposés à la garde de l'hôtel, y accoururent; et l'un d'eux ayant fait feu, le mutin prit la fuite avec ses deux camarades, qui tous trois furent bientôt arrêtés et conduits en prison.

Dès que les autorités en furent instruites, on s'empressa de faire des excuses au ministre qui toutefois ne crut pas devoir s'en contenter. Il fit porter plainte au reis-effendi, en demandant satisfaction de l'insulte faite à son caractère et à son hôtel, et exigeant en même temps que l'on prît des mesures de sûreté pour l'avenir, tant pour lui que pour tous les autres ministres étrangers. La satisfaction qu'il demanda, lui fut donnée sur le champ. Le reis-effendi fit appeler chez lui à la fois tous les interprètes des ministres étrangers, auxquels il déclara au nom du grand-seigneur, qu'il avait appris avec le plus grand déplaisir ce qui s'était passé; qu'il avait ordonné de nouvelles mesures pour que la sûreté de MM. les ministres étrangers ne puisse plus être exposée; que

fermer la porte; mais les mutins, furieux d'avoir manqué leurs adversaires, s'en vengèrent en tirant des coups de pistolet contre les fenêtres de l'hôtel et cassant à coups de pierre toutes les vitres tant de l'hôtel que des maisons voisines. Leur rage parut augmenter à mesure qu'ils rencontraient de la résistance. Ils menaçaient tous les Francs, et attaquèrent même un sous-officier russe qui se trouvait par hazard dans leur chemin. Mais heureusement il sut se défendre en retrogradant jusqu'à ce qu'il pût enfin se sauver dans l'hôtel de l'internonce autrichien. Ils y pénétrèrent, en le poursuivant jusqu'à l'appartement où les janissaires de ce ministre avaient la garde. Ceux-ci les arrêtèrent, quoiqu'avec beaucoup de peine, le nombre de ces misérables augmentant à chaque moment. Dans ces entrefaites, une cinquantaine d'entre eux coururent à l'hôtel de France. La femme du suisse, en l'absence de son mari, voulant les arrêter, fut blessée à la main; mais les janissaires du chevalier de Saint-Priest, ambassadeur de S. M. T. C. étant venus à son secours, les repoussèrent vigoureusement et les firent sortir, avant même que les ordres de M. de St.-Priest arrivèrent de les chasser de son hôtel, à main armée, s'il le fallait.

Enfin la garde de Péra arriva, et parvint à disperser les séditieux; elle en tua quelques-uns, et se saisit de treize autres qui furent conduits chez le *topdgibachi* et ensuite chez *l'aga* des janissaires.

M. de Zégelin, ministre de Prusse, ayant porté plainte de l'insulte faite à son hôtel, le grand-seigneur lui fit témoigner le déplaisir qu'il en avait, et

III.

DIFFÉRENDS SUR LE CÉRÉMONIAL DIPLOMATIQUE.

Mauvais traitement qu'essuya en 1681, *M. de Guillerargues, ambassadeur de France à Constantinople, à l'occasion de la contestation qu'il eut avec la Porte au sujet du cérémonial.*

La Vergne de Guillerargues, président à la cour des aides de Bordeaux, successeur de Nointel dans l'ambassade de Constantinople, y était arrivé au mois de Septembre 1679. Dès son début en cette cour, il eut, au sujet du sopha, avec le grand-visir Mustapha, la même difficulté qui avait fait partir M. de Nointel, son prédécesseur, sans prendre congé. Cette difficulté consistait dans le refus du grand-visir de mettre le siége de l'ambassadeur à la même hauteur ou sur le même degré que le sien, ce que le roi exigeait, enjoignant à ses ambassadeurs de ne point prendre d'audience si cet honneur ne leur était déféré; mais il survint un événement d'une plus haute importance, et dans lequel Guillerargues eut besoin de toute sa fermeté.

voulut le faire asseoir sur un tabouret, hors du sopha; ce qu'il refusa, et prit le parti de parler debout. Après une assez vive contestation à ce sujet, on le conduisit dans la chambre d'audience. Le grand-visir y étant entré presqu'aussitôt, salua Guillerargues, et monta sur le sopha, où un siège lui était préparé. Les *chiaoux* en présentèrent un autre au bas du sopha, à l'ambassadeur; mais il se retourna fièrement, en le repoussant du pied jusqu'à deux fois, ce qui engagea le grand-visir à ordonner qu'on ne l'importunât plus sur cet article; mais en entrant en matière, il lui dit que Duquesne avait tiré sur le château de Chio, abattu plusieurs maisons, ruiné des mosquées; que le grand-seigneur était fort irrité, et que le seul moyen de l'appaiser, était de payer le dommage fait par les Français, évalué à 750 bourses, ou 375,000 écus.

Guillerargues répondit: „que les vaisseaux du „roi n'avaient rien fait qui pût choquer sa Hau-„tesse, ni fournir occasion de rupture entre les deux „états; que les vaisseaux français, n'avaient eu d'au-„tres ordres que de poursuivre partout les pirates „tripolitains, ennemis de la France, et que si le châ-„teau de Chio n'eût pas tiré le premier sur les vais-„seaux de S. M., ceux-ci n'eussent jamais tiré contre „la ville."

Le grand-visir lui répliqua „que les Français „auraient dû porter plainte au grand-seigneur, qui „leur eût fait rendre justice; qu'il eût enfin à se dé-„cider à payer les 750 bourses, ou à s'attendre d'al-„ler aux sept-tours."

Guillerargues lui dit: „que la prison ne l'étonnait

des *chiaoux* et le drogman de la Porte, en renouvelant la menace de le faire emprisonner et de confisquer la cargaison de tous les bâtimens français. Guillerargues répondit qu'il était prêt d'aller aux sept-tours, mais que quand il y serait une fois entré, il ne serait pas si facile de l'en faire sortir, et qu'il y demeurerait jusqu'à ce que le roi son maître lui en fît ouvrir les portes. L'ambassadeur craignant même que les drogmans n'osassent pas rendre exactement ses paroles, les mit par écrit, afin qu'ils ne pussent rien y changer: en même temps, il fit tenir des chevaux prêts à partir, pour se rendre aux sept-tours, si on en venait à cette extrémité. Les choses demeurèrent dans cet état jusqu'au six de Mai, où le grand-visir envoya de nouveau chercher les drogmans de l'ambassadeur, pour lui demander s'il ne voulait rien ajouter aux présens qu'il avait promis, lui accordant deux jours pour se décider. Guillerargues fit paraître la même fermeté. Le grand-visir ayant enfin dit à ses drogmans qu'il l'enverrait chercher pour lui apprendre lui même ses dernières résolutions, Guillerargues leur déclara, qu'il ne voulait point lui parler debout, ainsi qu'il l'avait fait dans l'affaire de Chio, et souffrirait plutôt la mort que de consentir à prendre place au bas du sopha.

L'ambassadeur se rendit avec ses trois drogmans chez le *kiaia*, avec lequel étaient le reis-effendi et le *chiaoux-bachi*. Le *kiaia* voulut l'ébranler par de nouvelles menaces, et lui faire sentir que, même conformément à son billet, il s'était engagé à faire un présent qui fût agréable au grand-seigneur.

Guillerargues surpris de la bassesse de l'expédient, se leva avec mépris, et se retira dans son appartement sans rien répondre. Cette conduite de l'ambassadeur frappa d'étonnement tous les assistans, d'autant plus que tout le monde était persuadé qu'il allait être conduit aux sept-tours; ce qui semblait confirmé par l'arrivée de *l'aga* des janissaires avec quatre cents soldats.

Deux jours après cette singulière conférence, *Hussein-Aga*, grand-douanier, vint trouver Guillerargues, pour examiner, suivant la coutume, le présent destiné au grand-seigneur et au grand-visir. L'ambassadeur lui dit qu'il manquait quelques pierreries à son présent, et que ne se connaissant point assez en diamans pour les bien choisir, il le priait de vouloir bien les acheter, et d'avancer pour quelques mois l'argent nécessaire. *Hussein-Aga* répondit qu'il ne pouvait rien lui refuser, et en effet, il vint quelques jours après, avec les pierreries. Guillerargues fit servir une collation où il y avait des fraises qu'il faisait venir dans son jardin. Ce fruit que le grand douanier ne connaissait pas, lui plut beaucoup et il lui en demanda un plat pour le grand-seigneur, qui ne le connaissait pas non plus.

Guillerargues manifesta au grand-douanier son désir que son présent fût porté par les personnes de sa maison; nouveauté qui fut accordée quoiqu'elle chocquât les usages de la Porte. Enfin le présent de l'ambassadeur, qui d'abord avait été porté chez le grand-visir, fut offert à sa Hautesse. Après son dîner, on fit avancer les gens de l'ambassadeur. Son chancelier, son secrétaire, un négociant, les trois

Guillerargues eut audience du grand-seigneur le 26 de Novembre, et le harangua. Le sultan lui parla deux fois, ce qui est une faveur particulière; car il se contente d'entendre les ambassadeurs, et de leur répondre par un signe de tête. Voyez, DE FLASSAN, *Hist. de la dipl. française*, T. IV, Liv. IV.

Contestation élevée en 1682, *pour le cérémonial de l'ambassadeur de France en Suède.*

Bazin, ambassadeur de France, arriva à Stockholm le 18 de Juillet 1682, et ne témoigna aucun empressement de faire sa cour au roi de Suède, quoique ce prince lui eût permis, sur la prière que lui en avait faite le marquis de Feuquières, qu'il venait de remplacer dans cette cour, de le voir *incognito*, en attendant qu'il pût avoir son audience publique.

Dans le premier entretien que Bazin eut avec le chancelier comte Oxenstierna, le discours tomba sur la conduite qu'on avait tenue envers Feuquières, au sujet de son audience de congé, dont le cérémonial avait été restreint. Le comte Oxenstierna dit à ce sujet, que l'usage d'envoyer deux sénateurs au-devant des ambassadeurs des têtes couronnées, était du nombre des abus introduits pendant la minorité du roi de Suède, et que ce prince était résolu d'abolir; ne jugeant point à propos de rendre plus d'honneurs aux ambassadeurs des têtes couronnées, que les siens n'en recevaient dans leurs cours; et qu'ainsi, comme on n'envoyait en France au-devant d'eux qu'un duc

„deux derniers ambassadeurs de France en Suè- „de, n'ayant point fait d'entrée, parceque par un „dernier règlement il avait été arrêté qu'on n'en- „verrait plus de sénateurs au-devant d'eux, et qu'on „ne les traiterait plus pendant les trois jours entre „celui de l'entrée et celui de l'audience; le roi „ne voulait point que le sieur Bazin fît d'entrée „publique.“

À l'égard de la difficulté qu'on faisait de donner à cet ambassadeur deux sénateurs pour le conduire à son audience de cérémonie, le roi jugea que, quoiqu'on alléguât que, sous le feu roi de Suède, les ambassadeurs de France n'avaient été conduits à l'audience que par un sénateur, il suffisait que les deux derniers eussent été conduits par deux sénateurs, pour exiger le même traitement, et ne point s'en relâcher; mais qu'il était facile de détruire la comparaison faite entre un sénateur, qui n'avait plus même de fonctions depuis la suppression du sénat, avec les ducs et pairs, premiers dignitaires de France, et les princes qui accompagnaient ordinairement les ambassadeurs de Suède; qu'enfin, comme toutes ces sortes de contestations devaient se traiter par l'usage, le roi ne voulait pas que Bazin entrât dans une contestation sur une chicane que la mauvaise disposition de la Suède avait formée; son intention étant, que si l'on persistait à lui retrancher la moindre partie des honneurs qui avaient été accordés à ses prédécesseurs, il revînt incessamment en France sans attendre aucun nouvel ordre; celui-ci lui devant servir de congé.

La cour de Suède ne voulut rien changer à son

„qu'il était chez l'empereur et dans un lieu de peu „de cérémonie, puisqu'on y faisait de petits soupers, „que l'évêque de Raab soupait dans une loge, que „d'ailleurs plusieurs des ministres qui étaient placés „comme simples spectateurs n'avaient pas pris au- „dience de l'archiduc;" et il sortit. Le roi ordonna à M. de Villars de ne point demander une audience à l'empereur pour se plaindre, mais de parler une seule fois au ministre des affaires étrangères, et de lui dire, qu'il avait ordre de ne pas solliciter de réparation, le roi étant dans la pensée qu'elle aurait été faite dans le moment; qu'il n'était pas de sa dignité d'attendre qu'elle se fît sur ses représentations, puisque l'insulte avait été faite en présence de l'empereur; que ses pouvoirs étaient suspendus jusqu'à une satisfaction entière, et qu'il avait ordre de ne plus mettre le pied chez l'empereur ni chez aucun ministre. La satisfaction qu'on demandait était, que l'empereur ordonnât au prince Lichtenstein d'aller chez M. de Villars l'assurer du sensible déplaisir qu'il avait de ce qui s'était passé, et d'avoir manqué au respect dû à son caractère. L'étiquette rendait difficile la réparation demandée, parce que les gouverneurs des archiducs ne quittaient jamais les princes, dont l'éducation leur était confiée, qu'ils ne rendent aucune visite, et qu'ils ne sortent du palais qu'avec leurs élèves. Le prince de Lichtenstein publiait hautement qu'il perdrait la tête plutôt que de souffrir qu'il fût dit qu'un prince de sa maison eût été le premier gouverneur qui eût violé l'étiquette. L'empereur fit offrir au marquis de Villars, que le ministre des affaires étrangères irait chez lui de la

miner ce débat en envoyant à Fériol, six des anciens *Capiggis*, pour rendre témoignage que le port d'armes n'avait jamais été usité par aucun ambassadeur, et lui représenter que le grand-visir lui-même, et *l'aga* des janissaires ne portaient point d'armes dans le sérail (1).

L'ambassadeur répondit que le grand-visir et *l'aga* des janissaires étaient sujets du grand-seigneur; que ces lois étaient faites pour eux; mais que pour lui il ne quitterait les armes qu'avec la vie.

Le grand-visir fit dire à l'ambassadeur, que le grand-seigneur écrirait au roi, pour le disculper d'avoir paru devant lui sans épée, et on lui proposa de lui donner une déclaration de tous les grands officiers de l'empire, pour l'assurer que jamais aucun ambassadeur, ne verrait le grand-seigneur avec son épée, pas même celui de l'empereur; mais Fériol demeura inébranlable. Mauro-Cordato dit à l'ambassadeur de prendre conseil des officiers français qui étaient présens; à quoi il répliqua, qu'il était lui-même l'interprète des ordres de S. M. sur ce qui intéressait sa gloire, offrant d'entrer dans le divan

---

(1) Cet usage fut introduit à la suite de l'événement suivant. En 1492, un *derviche* (chef des *Chiaoux*) s'étant approché de Bajazet II, sous prétexte de lui demander l'aumône, tira un *hangiar* (petit poignard que les turcs et surtout les janissaires portent à leur ceinture) et en blessa le sultan pendant que ce prince mettait la main à la poche pour assister le malheureux. La blessure fut légère, et le *derviche* tué sur le champ par la garde. Bajazet ordonna depuis lors, que nul étranger ne pourrait dans la suite approcher le grand-seigneur sans être désarmé et que des officiers du palais ne lui tinssent les bras et les mains.

gén. de la dipl. française par DE FLASSAN, T. IV. Liv. V. [1].

Contestation qui eut lieu en 1703, *entre l'ambassadeur de France et le grand-visir.*

L'ambassadeur de France près la Porte, Fériol, ayant reçu la nouvelle de la naissance du duc de Bretagne, fils aîné du duc de Bourgogne, crut devoir célébrer cet événement avec éclat. Il donna une fète pompeuse qui fut terminée par une illumination brillante. Le grand-visir, soit pour mortifier les Français qu'il n'aimait point, soit qu'il craignît qu'il n'arrivât un incendie, chose fréquente à Constantinople, envoya dire à Fériol, par un *capiggi*, qu'il eût à éteindre son illumination. L'ambassadeur répondit que, célébrant la naissance de l'héritier présomptif de la couronne de France, il ne pouvait pas trop manifester sa joie et celle de sa nation, qu'au reste, il n'avait d'ordre à recevoir que du roi son maître, et qu'il était étonné que le ministre d'une autre puissance osât lui en envoyer.

---

(1) Fériol se plaisait à braver les usages de la cour ottomane, chez laquelle pourtant les usages sont des lois. La gondole qui sert à la promenade du grand-seigneur sur la mer, a une impériale de soie, couleur de pourpre, doublée en drap d'or, et supporté par quatre colonnes dorées. Il n'est permis à personne de décorer la sienne de cette manière. Fériol se fit faire une gondole toute semblable. En vain ses amis lui représentèrent que le sultan en serait blessé; il ne fit qu'en rire, jura qu'il ne viendrait jamais à Constantinople dans une gondole différente, et tint parole.

des évolutions militaires et des salves de mousqueterie qui étaient-très distinctement entendues au-dehors.

Le *capigi* et les siens voulurent en vain se retirer; Fériol fit dresser pour eux une table couverte de rafraîchissemens, et sous prétexte de leur faire les honneurs de la fète, il les força de rester dans son palais jusqu'au point du jour, ne permettant qu'alors au *capigi* d'aller rendre compte de sa commission, et de la beauté et du succès de l'illumination, qui n'avait occasionné aucun accident. On dansa toute la nuit chez l'ambassadeur dans l'attente d'une catastrophe qui n'arriva point, parce que le grand-visir ne voulut pas pousser les choses à bout. Voyez, *ibid.*(1).

Discussion qui s'éleva en* 1739, *à l'occasion d'un bal donnée à Versailles par le roi de France, au sujet du rang des ambassadeurs et de celui des princes du sang.

Au grand bal que Louis XV donna le 26 Janvier 1739 à Versailles, on avait préparé un rang de gradins dans le salon *d'Hercule* où se donnait le bal, pour les ambassadeurs des cours étrangers. Lors-

(1) La conduit de Fériol fut à la fois adroite et hardie; mais contraire au respect dû au souverain du lieu, qui avait droit sans doute d'interdire une illumination qui, dans une ville où il y a tant de maisons de bois, pouvait amener des accidens qu'un gouvernement doit prévenir. Mais le grand-visir était un homme faible, et Fériol s'en prévalut.

obligés de se priver de l'empressement qu'ils avaient d'aller faire leur cour à S. M. dans de semblables occasions.

M. Amelot leur écrivit la réponse suivante, qu'il adressa au prince de Lichtenstein.

Monsieur, j'ai reçu la lettre que V. Exc. m'a fait l'honneur de m'écrire, touchant ce qui s'est passé au bal que le roi a donné à Versailles. Ces sortes de fêtes, Monsieur, n'ont jamais été regardées comme des cérémonies réglées. S. M. a décidé que MM. les princes du sang se tiendraient auprès de sa personne, dans les places qui se rencontreraient, sans en avoir aucunes de marquées. Vous comprenez aisément, Monsieur, que dans une assemblée aussi nombreuse, où il n'y avait de places réservées que celles de MM. les ministres étrangers, le reste s'est fait au hazard, et ne peut tirer à conséquence; MM. les ambassadeurs ne doivent donc pas douter de l'attention qu'aura toujours le roi pour tout ce qui est dû à leur caractère. Je suis etc.

AMELOT.

Voyez, le *Merc. hist. de* 1739, T. II.

Difficultés qui eurent lieu en* 1670, *entre les cours de France et de Portugal, au sujet du rang de l'ambassadeur de Louis XV.

Sébastien de Carvalho, successivement comte de Oeyras et marquis de Pombal, avait fait par le crédit de sa femme, nièce du maréchal Daun, non moins que par des talens éminens, une rapide fortune. Admiré même de ses ennemis, il réunissait toutes les qualités qui constituent l'homme d'état. Chargé du dépar-

organe, M. d'Acunha, parla un langage plus modeste. On commença par punir le lieutenant de Viana, en le mettant en prison; et on assura M. de Merle, que le Portugal allait solliciter avec instance la restitution des deux vaisseaux enlevés sur la côte de Lagos. Le ministère portugais annonçait même une satisfaction prochaine apportée par le nouvel ambassadeur d'Angleterre, lord Knowles. Celui-ci arriva; mais il n'apporta point, comme on l'avait fait espérer, l'ordre pour la restitution des deux vaisseaux enlevés à Lagos. Cette satisfaction, qui devait être si complète, se borna à une harangue que prononça lord Knowles et dans laquelle son maître faisait par sa bouche, des excuses au roi de Portugal sur la violation de son territoire; ajoutant que les capitaines de vaisseaux de S. M. Britannique avaient ordre de se conduire désormais avec plus de circonspection.

Le marquis de Pombal ayant, en 1760, expulsé les jésuites du Portugal, sous prétexte qu'ils étaient complices de la conspiration tramée contre le roi Joseph Ier; le pape Clément XIII, qui ne pouvait se persuader que tous les jésuites fussent coupables, et que l'ordre entier méritât les rigueurs qu'il éprouvait, tâcha de calmer la cour de Lisbonne. Voyant ses efforts inutiles, et voulant prévenir une scission funeste à la chrétienté, il trouva convenable de recourir à la médiation de la France; mais la cour de Versailles refusa d'intervenir dans cette affaire; et M. de Choiseul mandait à M. de Rochechouart, évêque de Laon, et ambassadeur de France à Rome, de rester étranger à tout ce qui regardait les jésuites de

sadeur, déclarant qu'il avait exécuté les ordres de son maître avec la décence que lui prescrivait son caractère. M. de Choiseul ajoutait que, si cependant la personne de M. de Merle était désagréable à la cour de Portugal, le roi porterait la condescendance jusqu'à le rappeler, uniquement par ce motif; et quoique sa conduite eût d'ailleurs mérité son approbation.

Le marquis de Pombal n'osa accepter une offre qu'il présumait bien n'être dictée que par la seule bienséance; mais pour se venger d'une autre manière, il imagina un renversement dans la prééminence des couronnes et dans le rang des ambassadeurs, tant pour tourmenter M. de Merle, que pour tirer parti de l'humiliation de la France qui venait d'éprouver de nombreux revers. Lord Knowles était l'instigateur de ces démarches. Comme il était revêtu du titre d'ambassadeur extraordinaire de la cour de Londres, il prétendait, en cette qualité, précéder M. de Merle. Le ministre français observa à ceux qui lui firent part de ces dispositions, que le titre extraordinaire n'ajoutait aucun droit au caractère d'ambassadeur, et que cette expression n'était qu'un terme indicatif d'une commission passagère. Il anonça ensuite tant de fermeté à défendre la priorité de son rang, que dans la crainte d'une scène scandaleuse, lord Knowles n'osa faire valoir sa prétendue prérogative.

Sur ces entrefaites, le mariage de la princesse du Brésil fut déclaré; elle épousait son oncle l'infant don Pedro. Le cabinet portugais attendait ce moment, pour susciter une nouvelle difficulté à l'ambassadeur de France. M. d'Acunha écrivit une

„des lettres de créance puisse, dans aucun cas, et „sous aucun prétexte, affaiblir les droits attachés à „la dignité de la France.“

L'abbé de Salema de son côté, dans un mémoire remis au duc de Choiseul, prétendait que le roi de Portugal avait la faculté de disposer dans son royaume, du rang des ministres étrangers qui y étaient admis; et l'on y avançait que ce nouvel ordre de choses n'était établi que pour sauver des embarras à l'ambassadeur d'Angleterre.

M. de Choiseul répondit que les rois étaient maîtres sans doute dans leurs états; mais que ce pouvoir ne s'étendait pas jusqu'à assigner, de leur propre mouvement, le rang aux couronnes, sans leur autorisation. „En effet,“ disait ce ministre, „il n'y „a point de souverain, qui, en pareille matière, re„connaisse dans la personne des autres souverains „un pouvoir législatif. Toutes les puissances se doi„vent même réciproquement, de ne rien faire de „contraire à des usages qu'il ne leur appartient pas de „changer.“

„La prééminence dérive de l'ancienneté des mo„narchies, et il n'est pas permis aux princes posses„seurs d'altérer un droit aussi précieux. Si des rai„sons particulières d'intérêt engagent le roi de Por„tugal à témoigner des égards à l'ambassadeur „d'Angleterre, il le peut sans contredit, pourvu „toutefois que les agrémens qu'il lui procurera, ne „soient pas injurieux à la France. Il est d'ailleurs „bien singulier que le roi de Portugal élève en fa„veur de l'Angleterre, une prétention à laquelle elle „n'a jamais songée elle-même. Le roi, sous quelque

venait de faire au nonce du pape qui avait été violemment conduit à la frontière. Il était important que la France ne fût pas compromise par une scène éclatante dont elle ne pourrait se dispenser de tirer vengeance, sans devenir la fable de l'Europe. La cour crut parer à cet inconvénient, en rappelant M. de Merle vers la fin de Juillet; mais pour sauver à ce brusque départ les apparences d'une rupture, cet ambassadeur devait donner le prétexte d'un voyage en France, pour ses affaires particulières.

M. d'Acunha qui soupçonna la vérité, parut étonné de la déclaration de M. de Merle. Il lui demanda avec inquiétude, s'il ne reviendrait pas à Lisbonne; et néanmoins il ne chercha point à réparer par des égards et des politesses, ce que ses procédés avaient eu d'offensant pour ce ministre pendant tout le cours de son ambassade. Non-seulement il ne reçut point la visite qu'il alla lui faire pour prendre congé de lui, mais il ne la lui rendit pas. Le motif de cette incivilité inexcusable, était une omission prétendue de M. de Bernis, qui, suivant M. d'Acunha, dans une pareille circonstance, n'avait point visité, en 1757, le frère du cardinal Saldanha, ambassadeur de Portugal en France, lors de son départ. M. de Merle emporta du moins de Lisbonne un témoignage de bonté de la reine, qui envoya à l'ambassatrice son portrait par la *camerera major*. Cette princesse voulut témoigner par cette faveur, qu'elle ne partageait pas les sentimens des ministres.

La direction des affaires du roi fut confié à M. de Saint-Julien; mais le départ de M. de Merle mit beaucoup de froideur dans la correspondance entre

ambassadeurs, et prit place de cette manière. Il en résulta une explication très-vive, à la suite de laquelle M. du Châtelet et M. de Czernicheff se battirent, et celui-ci fut blessé. Voyez, *ibid.* (1).

Contestation qui s'éleva en 1780, entre les ministres de France et de Bohème, à Ratisbonne.

Le comte de Trautmansdorff, ministre électoral de Bohème, déclara au mois de Juin 1780, quelques jours avant sa légitimation, au marquis de Bombelles, ministre du roi à Ratisbonne, qu'il ne pourrait entrer en commerce avec lui, s'il n'en recevait, lors de sa légitimation, la visite solemnelle que prescrit le *conclusum* de l'année 1726. M. de Bombelles assura à M. de Trautmansdorff, qu'il se prêterait à toutes ses exigeances, et qu'il désirait trop de vivre en bonne intelligence avec un ministre de la cour impériale, pour qu'une prétention d'étiquette, quelque ridicule qu'elle fût, le privât de cet avantage.

Le jour de sa légitimation, M. de Trautmansdorff la fit notifier suivant l'usage, à M. de Bombelles, par le secrétaire de la légation de Bohème; et le sieur Duncan, secrétaire du ministre de Suède, faisant fonctions de secrétaire de la légation de France,

---

(1) On ne peut nier que l'ambassadeur de Russie n'eût tort; car d'après la déclaration de Cathérine II, de 1762, laquelle maintenait les choses sur l'ancien pied, c'est-à-dire, confirmait la préséance de la France, il devait céder le *pas* à l'ambassadeur du roi, ou lui laisser la place immédiatement après l'ambassadeur d'Allemagne.

faisant dire que, vu l'état de madame de Bombelles qui était sur le point d'accoucher, il désirait que cette visite ne fût ni pour le jour, ni pour le lendemain. M. de Trautmansdorff répondit au secrétaire de légation que cette excuse était valable ; que cependant il resterait ce jour-là et le lendemain, chez lui, pour recevoir, si cela se pouvait, la visite de M. de Bombelles, auquel il faisait déclarer encore une fois, que s'il affectait de choisir un moment où il ne serait pas chez lui, cette visite ne pourrait pas être regardée comme une visite de cérémonie.

M. de Bombelles, pour opposer l'honnêteté la plus extrême à une exigeance aussi forte, se rendit, malgré l'état de souffrance de madame de Bombelles, chez M. de Trautmansdorff, qui le reçut avec toute la ponctualité du *conclusum*.

Le surlendemain M. de Bombelles fit demander à M. Grein, ministre des comtes de Wetterawie, nouvellement légitimé à la diète, l'heure à laquelle il pourrait lui faire sa visite ; et sur la réponse qu'il lui fit, il se rendit dans l'après-midi à l'audience de ce ministre, auquel il donna de *l'excellence* comme à M. de Trautmansdorff. Voyez, *ibid.*

sûreté par une autre route jusque sur le territoire du Pape. Mais les deux ambassadeurs persistèrent dans leur première résolution et s'embarquèrent sur le Tessin. Arrivés à trois milles au dessus de l'embouchure de ce fleuve, ils se virent attaqués par deux barques armées qui leur coupaient le passage, et dont l'équipage se jeta avec violence sur celle montée par les deux ambassadeurs, qu'ils assassinèrent. Cet acte atroce fut constaté par les informations que M. de Langey fit prendre à Plaisance, où s'étaient sauvés les domestiques des ambassadeurs, les assassins et les autres personnes que le marquis du Gasty avait fait enfermer, pour dérober le crime à la connaissance du public. Cet attentat obligea le roi de reprendre les armes et fit retentir l'Europe entière de ses plaintes. François Ier envoya aussi des copies authentiques des informations dans toutes les cours et la réputation de l'empereur en reçut une grande atteinte dans l'opinion publique (1). Voyez, *Mémoires* DE BELLAY, p. 305.

Affaire du marquis de Bedmar, ambassadeur d'Espagne à Venise, en 1615.

Dans l'indisposition où l'accommodement entre le pape Paul V et les Vénitiens, fait sans la participation de l'Espagne, avait mis Philippe III,

---

(1) Tous les sujets de Charles-Quint pouvaient arrêter les ambassadeurs de France sur les terres de l'empereur, mais personne n'était en droit d'attenter à leur vie.

que pour le soustraire à la vindique du peuple, qui voulait se venger sur l'auteur des maux qu'on avait voulu lui préparer, le fit sortir secrètement de la ville, et lui donna une sauvegarde jusqu'à la frontière du territoire de la république, d'où il se rendit à Milan. Encore le gouvernement ne demanda-t-il pas raison au roi d'Espagne, de la conduite de son ambassadeur; mais il défendit même sous peine de la vie, à tous ses sujets, d'imputer quoi que ce fût de la conjuration, ni au roi d'Espagne ni aux Espagnols (1). Voyez, *Science du gouvernement, par* DE RÉAL, T. V.

Rançon payée en 1646, par le ministre d'Autriche à Constantinople, pour recouvrer sa liberté.

En 1646, le gouverneur espagnol d'une des provinces voisines de celle du Pérou, voulant s'approprier la souveraineté de cette province, envoya un de ses officiers à Constantinople pour solliciter, au moyen d'un tribut annuel, qu'il s'offrait à payer à la Porte, la protection du grand-seigneur. Le divan, révolté de la perfidie du gouverneur, fit mettre l'officier à la chaîne des forçats, et ne l'en retira qu'après qu'il eût renié sa religion, et promis de se faire circoncire; ce qui fut exécuté au mois de Septembre de la même année. Un mois après environ, le renégat disparut, sans que les autorités turques pendant

(1) Ce fut ainsi, dit M. DE RÉAL, que le gouvernement vénitien apprit à la fois à tous les princes, à respecter le droit des gens, et à ne point faire une vaine démonstration de ressentiment, d'une injure que l'on ne peut ou qu'on ne veut pas venger.

„ne pouvait reconnaître d'autre juridiction que celle de „son souverain, et qui ne pouvait même être interrogée, „ni jugée que par lui. Que le droit des gens voulait, „que lorsqu'un ministre public d'un prince ami ou „allié commit un délit, ou manqua à son devoir, on „en donnât connaissance à son souverain, à qui il ap-„partenait d'en faire justice; et que sans doute l'em-„pereur le ferait s'il en était réquis." Le grand-visir, d'après le conseil du ministre de France, dépêcha un courrier à Vienne, pour instruire cette cour de tous les détails de cette affaire; mais craignant qu'au retour du courrier il ne fût obligé de mettre le ministre de l'empereur en liberté, si ce prince ne désavouait son ministre, il aima mieux composer avec lui, et en tirer une somme d'argent. Sur les instances de l'ambassadeur de France et de l'internonce de Pologne on lui ôta les fers, et quatre jours après on lui envoya dire par un juif, qu'on était disposé à lui rendre sa liberté s'il voulait payer dans trois jours la somme dont on demeurerait d'accord avec lui, et que l'ambassadeur de France en voulût se faire caution. Le ministre en fit prier l'ambassadeur de France, qui toutefois lui fit dire, que vû les fonctions dont il était revétu, il ne pouvait s'engager à rien sans la permission du roi son maître; surtout envers des gens qui n'avaient point de considération pour le caractère public d'un ministre ni pour le droit des gens. Sur le refus de l'ambassadeur, il fut déclaré à M. Greifembeck, que s'il voulait sortir de prison il fallait qu'il s'obligeât par écrit, de faire payer les deux cent mille écus que l'on demandait à l'empereur pour le renouvellement de la paix, à compte des-

prince commua cette sentence à une prison perpétuelle. À l'avénement de Charles XII, en 1697, les deux prisonniers obtinrent leur liberté et la restitution de leurs biens. Patkul, qui ne participa pas à cette grâce, aggrava son crime en traçant le plan de l'alliance formée entre les Polonais et les Russes pour accabler la Suède. Il s'attacha aux deux princes, Auguste II, roi de Pologne et électeur de Saxe, et le czar Pierre premier, desquels il obtint plusieurs emplois importans. Patkul, qui commandant en 1704 les troupes auxiliaires que le czar avait envoyées en Saxe, étant à la fois revêtu du caractère d'ambassadeur de ce prince auprès du roi de Pologne, fut arrêté par ordre d'Auguste, pour avoir voulu négocier secrètement la paix du czar avec la Suède, dans un temps où Auguste lui-même songeait sérieusement à faire la sienne avec Charles XII. Le roi tâcha de faire entendre au czar que son ambassadeur les trahissait tous deux, et celui-ci aima mieux en paraître persuadé que de faire voir à un allié, qu'il avait intérêt de ménager, que Patkul eût agi par son ordre. Dès le commencement de cette guerre, Charles XII avait fait publier des avocatoires, qui, sous peine de la vie, rappelaient en Suède tous les sujets qui étaient au service du roi de Pologne, et nommément Patkul. Les premiers événemens militaires favorables à la Suède furent suivis en 1706, du traité d'Alt-Ranstadt, par lequel Auguste II renonça au trône de Pologne. L'article XI de ce traité portait:

„Que tous les traitres et transfuges, nés sous la „domination du roi de Suède et nommément Patkul, „qui seraient trouvés en Saxe (où le roi de Suède était

pour procurer au roi une juste réparation; prévenant le primat, que sa majesté venait de donner l'ordre d'arrêter tous les Polonais qui se trouvaient dans son royaume, pour servir de gage de la sûreté de ses ministres.

Le primat envoya cette lettre de M. de Torci au roi de Pologne, désavouant pour sa part, l'arrestation des deux ministres de France.

Le roi de Pologne répondit au primat une lettre piquante, où après l'avoir raillé sur son zèle pour la république, il lui disait: „Il me paraît qu'on craint „trop les maux à venir, et qu'on ne songe pas assez „aux présens, auxquels il serait facile de remédier, „au lieu de s'amuser à critiquer un procédé aussi „juste que celui dont on s'est servi à l'égard de du Hé„ron, et qui a été mis en pratique de tout temps par „les rois et autres princes, pour la sûreté de leurs „personnes et de leurs états. Aucune loi ne m'o„blige de répondre de mes actions à qui que ce soit, „qu'à la république assemblée dans une diète. . . Je „pourrais d'ailleurs alléguer quantité d'exemples de „ce qui a été pratiqué en France, à l'égard des nonces „du pape et des ministres d'Espagne, de même à l'é„gard de ceux de France chez d'autres souverains, „lesquels suffiraient pour justifier ce qui est arrivé à „Bonac par sa propre faute, pour ne s'être pas muni „de passeports nécessaires, et à du Héron, pour avoir „fait paraître des emportemens dont j'ai si bien fait „le détail à Sa Majesté Très-Chrétienne, qu'elle ne „saurait jamais approuver la conduite et les actions „de ce ministre. Voilà ce dont j'ai cru devoir vous „informer pour vous épargner le soin de ma justifi„cation; et j'espère que vous ferez vous-même ré-

le plus scrupuleusement que possible. Comme ce bourgeois déclara, qu'il avait fait la route de Constantinople avec un major suédois et un négociant français, qui étaient descendus dans une auberge hors de la porte de St. Nicolas, le comte de Schaffgotsch chargea le secrétaire de la chancellerie, nommé Vincent, de se rendre dans cette auberge, et d'y examiner ces étrangers sur leurs noms, leurs affaires, leurs passeports et leurs certificats de quarantaine, avec ordre, au cas de refus ou de résistance, de les arrêter. Le secrétaire s'étant rendu à l'endroit désigné, le major lui dit: „Qu'il n'était point obligé de „rendre compte de ses affaires à personne; qu'il avait „déclaré son nom à la porte de la ville; qu'il avait „fait voir son certificat de quarantaine, ainsi que les „passeports qui lui avaient été donnés par les ministres de France et de Suède à Constantinople; et que „pour prévenir tout soupçon, il était resté hors de la „ville.“ Le Sr. Vincent lui déclara alors, qu'il avait ordre de l'arrêter ainsi que le négociant, son compagnon de voyage, dans le cas qu'ils se refusaient de répondre d'une manière satisfaisante. Le major, fort étonné de cette menace, répondit, que si on avait ordonné d'en agir ainsi, il ne lui restait d'autre parti à prendre que de se laisser arrêter, si on le jugeaït à propos; mais qu'il demandait qu'on lui permit d'envoyer un courrier au roi, son maître, ajoutant, que son voyage ayant pour objet des affaires de la dernière importance, on devait songer aux suites que son arrestation pouvait entraîner. Il montra deux passeports, l'un signé de la main du roi de France, et l'autre par le roi de Suède, et pour mieux prouver encore

„officiers avaient ordre de leur cour, de poursuivre „et d'arrêter un major suédois et un négociant fran„çais, qui revenaient de Constantinople, par la Silé„sie, et qui avaient sur eux des papiers d'une haute „importance pour cette cour; que comme l'intérêt „de l'empereur y était également engagé, on avait à „donner à ces officiers toute assistance et secours „dont ils auraient besoin." Le directeur de la régence, après la lecture de cette lettre, leur dit qu'on avait déjà pris quelques mesures à cet égard. Sur quoi cet officier ayant pressé qu'on l'expédiât, et qu'on lui délivrât l'ordre nécessaire pour obtenir des chevaux de poste, disant qu'il était chargé de poursuivre sans délai ces deux personnes, le comte de Schaffgotsch fit expédier en toute diligence ce que ces officiers demandaient. Le capitaine et le lieutenant, accompagnés des quatre dragons, s'étant fait donner des chevaux de poste, poursuivirent à la piste le major suédois, qu'ils atteignirent au-delà de la petite ville de Neustädtel. Ils firent route avec lui jusque près de Christianstadt. Étant arrivés tous sur le territoire de la Saxe, le capitaine laissa son lieutenant dans la voiture, et prit les devans vers Christianstadt, avec un postillon, pour voir s'il y avait garnison dans cette ville. Ayant appris que non, il retourna joindre les autres, et s'étant approché de la voiture où se trouvait le major et son compagnon, il mit au premier le pistolet sur la gorge, en lui criant: „Rendez-vous ou je vous tue." Le major, indigné d'une pareille menace voulut se saisir de ses pistolets; mais se voyant aussitôt entouré par les dragons, il se rendit. Le capitaine le tira de la voiture,

„cette matière; qu'il était obligé de s'en retourner „au plutôt avec son butin: et que le postillon ne „manquerait pas sans doute de rapporter tout ce „dont il avait été témoin.“ Ce capitaine passa par Sorau, et prit la route par la Pologne.

Le ministre de Suède résidant à Vienne, ayant fait des représentations à la cour impériale sur ce sujet, et demandé que l'on prît des informations sur cette affaire pour découvrir les assassins, cette cour fit publier la déclaration suivante.

Déclaration de la cour impériale.

On a reçu depuis quelques jours, la nouvelle imprévue et désagréable, qu'un major suédois, nommé Sinclair, avait été assassiné près de Christianstad en Lusace, par deux officiers russes, qui l'avaient poursuivi jusques-là. Il n'a été donné à la cour impériale nul avis sur ce sujet, de la part de celle de Russie. Ainsi on a lieu de présumer, que si ces officiers ont été chargés de quelques ordres, ils les auront outrepassé de beaucoup, et auront agi contre la volonté de S. M. de toutes les Russies. On peut assurer qu'il n'a été envoyé d'ici aucun ordre d'apporter de l'empêchement au voyage du sieur Sinclair. Tout ce que l'on a appris sur son sujet, n'a d'autre fondement que le bruit public qui s'est répandu, qu'il avait été envoyé en Turquie pour y exécuter la commission non-chrétienne, de ménager une alliance offensive et défensive avec la Porte. On n'a pas cru cependant devoir faire une attention assez sérieuse à ce bruit, pour rien ordonner en conséquence. Depuis le fait qui vient d'arriver, on a reçu du tribunal de justice de Breslau des informations, portant, que le sieur Holembiewsky, résident de Russie à Varsovie, avait prié le sieur Skinner, résident de l'empereur dans la même ville, d'écrire à ce tribunal, pour demander que le sieur Sinclair fût arrêté s'il passait en Silésie; sur quoi le résident de S. M. Imp. a jugé, qu'il

a apporté une lettre, datée de Grünberg, par laquelle, comme nous l'avouons sincèrement, nous avons appris avec une surprise incroyable, ce qu'on dit être arrivé à un officier suédois, nommé Sinclair. Notre réputation, notre honneur, notre magnanimité et nos sentimens chrétiens, sont, dieu merci! suffisamment connus dans le monde, pour que quiconque a l'honneur à cœur, ne puisse nous soupçonner d'avoir eu la moindre part à cet attentat, et en conséquence il serait inutile de faire la moindre démarche pour en convaincre le public; cependant, comme personne n'ignore les bruits qui ont couru dans toute l'Europe, depuis le commencement de la dernière diète de Suède, au sujet des sentimens de cette couronne à notre égard, et d'une alliance offensive et défensive qu'elle négociait avec les ennemis jurés du nom chrétien, certaines gens pourraient prendre occasion de ces bruits (que nous croyons néanmoins destitués de tout fondement) pour en inférer que nous aurions eu part à cet événement, dans la vue de découvrir à fond une affaire si importante à la tranquillité et au bien-être de tant de millions de gens, et en particulier si dangereuse et intéressante pour nous et pour nos sujets; d'autant plus, que dans l'extrait de la lettre de Grünberg on assure, que le meurtre a été commis par deux officiers russes. Mais d'un côté, notre honneur nous est trop cher pour approuver, moins encore pour employer des moyens si indignes, à la découverte d'aucun secret, quelque important qu'il pût être pour nous; et de l'autre, nous n'avons jamais ajouté foi aux bruits qui ont couru jusqu'ici, des desseins de la Suède, et si nous y ajoutions foi, ils ne pourraient jamais nous porter qu'à ce que la bonne raison et la prévoyance exigent naturellement d'un chacun. C'est pourquoi, aussitôt après avoir reçu l'extrait de la lettre de Grünberg, nous avons jugé nécessaire de charger nos ministres dans les cours étrangères, comme nous les chargeons par celle-ci, de déclarer publiquement, de bouche ou par écrit, comme le demanderont les circonstances, que, si ce lâche attentat, dont nous n'avons aucune connaissance que par l'ex-

compagné d'un guide, pour demander que les portes de cette dernière ville demeurassent ouvertes. À environ un quart de lieue du village de Farnbach, un autre de ses domestiques également monté à cheval, qui précédait son carrosse, revint auprès de l'ambassadeur accompagné de deux houssards qui l'avaient joint. Un d'entre eux, qui parlait tant-soit-peu le français, lui dit, qu'ils étaient au service de la reine d'Hongrie, et qu'ils étaient du régiment d'Esterhazy, qu'il leur avait été ordonné de faire la patrouille le long de cette route; que leur officier était dans le village prochain, et qu'ils allaient l'informer de son arrivée. Rendu au village de Farnbach, l'ambassadeur apprit que ces houssards étaient au service de l'empereur; qu'ils avaient fait prisonnier et visité celui de ses domestiques auquel il avait fait prendre les devans pour Nurenberg; que les impériaux avaient un poste gardé par un officier et trente hommes, à une lieue de ce village, et qu'il courrait risque d'être pillé s'il poursuivait plus en avant. Sur cet avertissement le comte prit le parti de s'arrêter à Farnbach, en attendant qu'il eût obtenu une escorte du lieutenant-général des troupes impériaux, comte de St.-Germain, qui avait un fort détachement sous ses ordres à quelques lieues de ce village. Pendant que l'ambassadeur était occupé à écrire à ce général, un caporal et deux houssards vinrent auprès lui, et voulurent l'obliger de les suivre au quartier de leur commandant en chef, disant qu'il leur était ordonné de ne laisser passer aucun Autrichien, Anglais, ni Hollandais. Le comte Holderness s'y refusa et il proposa que l'un d'entre eux se rendît auprès de leur général,

Après quoi l'officier ordonna que l'on remît en liberté le domestique du comte, qui jusque là avait été retenu prisonnier à Furth, ville située à une lieue de distance de Farnbach, et escorta l'ambassadeur avec quatre houssards jusqu'à Nurenberg.

Arrivé à Ratisbonne, le comte de Holderness reçut un courrier du feld-maréchal autrichien comte de Seckendorf, porteur d'une lettre de ce général dans laquelle celui-ci lui exprimait ses regrets sur le traitement qu'il avait essuyé par les houssards impériaux; et ordonna au comte de St.-Germain de se rendre en personne chez l'ambassadeur pour lui faire ses excuses. Voyez, le *Mercure hist. de* 1744.

***Renvoi du marquis de la Chétardie, ministre de France près la cour de Russie; en* 1744.**

Lorsque la cour de Russie, qui était en froideur avec la France depuis l'affaire de l'élection de Stanislas au trône de Pologne, eut résolu de se rapprocher de la cour de Versailles, en envoyant comme ministre près de Louis XV, le prince Cantemir; le roi nomma, en cette même qualité, près de la czarine, le comte de Vaulgrenant; mais celui-ci ne se rendit pas à son poste; et ce fut le marquis de la Chétardie, ministre du roi à Berlin, qui alla à Pétersbourg. Arrivé en cette capitale, au mois de Décembre 1739, il y avait acquis un grand crédit, parce que, de concert avec le chirurgien Lestocq, Français d'origine, il avait fait monter sur le trône, à la fin de 1741, la princesse Élisabeth, fille de Pierre I,

ministère le comte Bestoucheff, qui n'était pas favorable à la France. Il lia dans cette vue une intrigue de cour; mais deux personnes de haut rang, qu'il avait mises dans sa confidence, en ayant instruit l'impératrice; cette princesse irritée fit saisir les papiers de M. de la Chétardie; et après lui avoir retiré les ordres dont elle l'avait précédemment décoré, le fit reconduire à la frontière, au mois de Juin 1744, en prenant soin d'instruire le roi de France et tous les ministres étrangers auprès d'elle, qu'elle n'avait pris ce parti rigoureux, qu'à cause de la mauvaise conduite que le marquis de la Chétardie avait tenue à sa cour, où il n'était point ministre reconnu. Elle ajoutait, „qu'elle était persuadée que ce particulier „avait agi sans ordre, et que le roi, son maître, dés- „approuverait sa conduite."

Louis XV ne se regarda point comme offensé, d'autant plus que M. de la Chétardie n'avait point encore développé son caractère; et que l'impératrice, par égard pour le roi, avait affecté de ne le regarder que comme une personne privée. Louis XV exila M. de la Chétardie dans ses terres, dont il n'eut la liberté de sortir que l'année suivante, pour aller servir dans l'armée d'Italie. Il fut incontinent remplacé par M. d'Aillon, qui ayant déjà été en Russie, connaissait les hommes et les choses de ce pays; et la querelle qu'il avait eue alors avec M. de la Chétardie, parut même un motif de plus, pour le préférer. Voyez, *Hist. de la dipl. française, par* M. DE FLASSAN.

nation, et voulant conserver en son entier son autorité royale, et préserver ses sujets des préjudices scandaleux et attantoires à la tranquillité publique, m'ordonne de notifier à V. Exc., qu'immédiatement après que cette lettre lui sera remise, elle aura à quitter cette cour, et à passer sur l'autre rive du Tage; et à sortir de ses royaumes dans l'espace de quatre jours. Pour que V. Exc. soit décemment transportée, les galères du roi sont dans la plage voisine de l'hôtel de V. Exc, et afin qu'elle puisse y entrer, et continuer ensuite son voyage sans être insultée, et jouissant toujours de la protection que S.M. accorde dans ses domaines, et surtout de l'immunité attachée au caractère dont V. Exc. est revêtue, le roi a donné en même temps ses ordres, pour que V. Exc. soit conduite jusqu'aux frontières de son royaume par une escorte militaire honorable et compétente. J'ai l'honneur d'être etc.

L'instruction que le roi envoya à son ministre plénipotentiaire à Rome, Dom François d'Almada, pour informer le pape des motifs de sa conduite envers le cardinal Acciajuoli, fut rendue publique par ordre de S. M. T. F. Voyez, le *Merc. hist. de* 1760.

Autres exemples d'actes de violence exercés contre des agens diplomatiques ou des personnes de leur suite.

En 1654, M. de Bas, ministre de France en Angleterre, fut accusé d'avoir eu part à une conspiration qui s'était faite contre la personne de Cromwel. Il y avait des preuves si fortes contre ce ministre, que le conseil du royaume le fit assigner pour l'entendre, et pour lui lire les dépositions de ses accusateurs. Le ministre s'y rendit, mais lorsqu'on voulut

Madrid. Le roi d'Espagne prétendit excuser cet acte, par la nécessité dans laquelle on avait été de calmer la populace soulevée, et ordonna au magistrat de la ville de Valladolid, de demander pardon à l'ambassadeur; laissant toutefois les Français en prison. Henry IV, ne jugeant pas la satisfaction suffisante, ordonna au comte de Rochepot, de revenir en France sans prendre congé de S. M. Catholique, et défendit tout commerce avec les Espagnols.

Le pape Clément VIII, accommoda ce différend; le roi d'Espagne lui consigna le procès et les prisonniers, que le pape remit quelques jours après entre les mains du comte de Bethune, ambassadeur de France à Rome, et le roi se contenta des honneurs extraordinaires que Philippe III fit rendre à M. Barrault, le 2 Août 1601, qui remplaça M. de Rochepot en qualité de ministre. Voyez, DE RÉAL, *Science du gouvernement*; T. V. Sect. IX.

En 1736, le valet de chambre de Kalkoen, ambassadeur d'Hollande à Constantinople, se divertissant avec quelques amis, qui furent insultés par des janissaires, et se trouvant attaqué par plusieurs d'entre eux les armes à la main, tua son aggresseur d'un coup d'épée. Arrêté par les janissaires, cet individu fut condamné à perdre la tête, selon les lois turques. Le ministre d'Hollande fit tous ses efforts pour obtenir sa grâce, et tous les autres ministres étrangers joignirent leurs instances aux siennes; ce qui engagea le grand-seigneur à suspendre l'exécution. Mais un parent du défunt étant parvenu à

sollicitait le duc d'Albe, vice-roi de Naples, de faire la guerre au pape. Le vice-roi en fit faire de vives plaintes. Paul III répondit, que comme supérieur à tous les princes, il était en droit de leur demander raison sur des actions sur lesquelles lui, ne devait compte à personne; qu'il était en droit de retenir et de lire toutes les lettres, lorsqu'il avait des soupçons de quelque trame contre l'église; que si l'ambassadeur avait fait le devoir que lui prescrivait son caractère, il ne lui serait point arrivé de mal; mais qu'ayant excité des séditions et machiné contre le prince auprès duquel il était envoyé, son crime était celui d'un particulier, et qu'il voulait le punir comme tel. Voyez, *ibid.*

Sous le protectorat d'Olivier Cromwel, Dom Pantaléon Sa, chevalier de Malte, et frère du comte de Panaguias, ambassadeur du roi de Portugal en Angleterre, prit querelle dans la nouvelle bourse avec un colonel nommé Gérard. Il y retourna le lendemain, et y renouvella la dispute avec une personne qu'il prit pour cet officier. On s'échauffa jusqu'à venir aux mains; le chevalier tua cette personne d'un coup d'épée, et ses gens blessèrent plusieurs des assistans. M. Sa se retira alors dans l'hôtel de son frère, que le peuple investit aussitôt, en menaçant d'enlever les coupables de force. Cromwel, informé du désordre, y envoya un officier qui, à la tête d'un détachement de soldats, demanda l'extradition du chevalier. L'ambassadeur se recria contre cette violation du droit des gens, et demanda au protecteur une au-

Le Mercure historique et politique; année 1744.

Recueil des traités de paix, de trève etc., par DE MARTENS; T. IV.

OTTO, *De titulo Imp. Russorum*; 1722 et 1724.

La Gazette de France, année 1762.

Histoire abrégée des traités de paix entre les puissances de l'Europe depuis la paix de Westphalie, par DE KOCH, ouvrage entièrement refondu, augmenté et continué jusqu'au congrès de Vienne et aux traités de Paris de 1815, par FRÉD. SCHOELL; T. XIII. Chap. LVII.

Histoire générale de la diplomatie française, par M. DE FLASSAN; T. V. et VI.

CAUSE TROISIÈME.
(1772.)

Le Mercure historique et politique; année 1772.

Institutions du droit de la nature et des gens, par GÉRARD DE RAYNEVAL.

Histoire générale de la diplomatie française, par DE FLASSAN; T. VI.

La Gazette de France; année 1772, mois de Mai.

CAUSE QUATRIÈME.
(1776.)

Nouvelles extraordinaires (Gazette de Leyde); année 1776.

Relation de quelques événemens remarquables ayant rapport au droit des gens moderne de l'Europe, par G. F. DE MARTENS; T. II. (en allemand.)

Recueil des traités de paix, d'alliance, de trêve etc., par G. F. DE MARTENS; T. II. p. 464 nouv. édit.

CAUSE CINQUIÈME.
(1777—1785.)

Nouvelles extraordinaires (Gazette de Leyde); depuis l'année 1777 —1785.

Recueil de tous les traités, conventions, mémoires et notes, publiés par la cour de Danemark depuis 1766—1794, par CLAUSEN.

Nouvelles extraordinaires; année 1788.

Abrégé de l'histoire des traités de paix, par M. SCHOELL; T. XIV. chap. LXI. T. IV. chap. XIII.

CAUSE DIXIÈME.

(1793.)

Nouvelles extraordinaires; année 1793.

Recueil de tous les traités, mémoires, notes etc. publiés par la cour de Danemark depuis 1766—1794, par CLAUSEN. 1796.

Recueil des traités de paix etc., par G. F. DE MARTENS; T. V. p. 596. Nouv. édit.

Abrégé de l'histoire des traités de paix etc., par M. SCHOELL. T. VI. chap. XXX.

Printed in Dunstable, United Kingdom

91220860R00288